60 水対決

■表紙＝スズキの洗い（調理／季寄料理「ゆず亭」☎03-3408-3578　取材／安井洋子）
■裏表紙＝水飯　■扉＝バラの花の露（クッキングスタイリスト／川本敦子）

美味（おい）しんぼ

美味しんぼ

60 水 対決

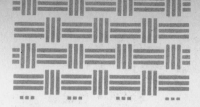

第1話

第二の人生

事業部長の福田さんが、定年を前に退社されることになりました。
東西新聞社
今日は奥様とご一緒に、私たちの知恵を借りたいということで、谷村部長の紹介でお会いすることになりました。
COFFEE
いらっしゃいませ
しかし、福田さんが退社されるのは残念です。
いやいや、私は谷村くんのように出世できる器じゃないよ。
だから早めに第二の人生を踏み出したほうがいいと思ってね。
へぇえ……
でもねえ、新聞社勤めから、いきなり漬物を売るなんて、あまりに飛躍しすぎですよ。
お漬物屋さんを始めるんですか？

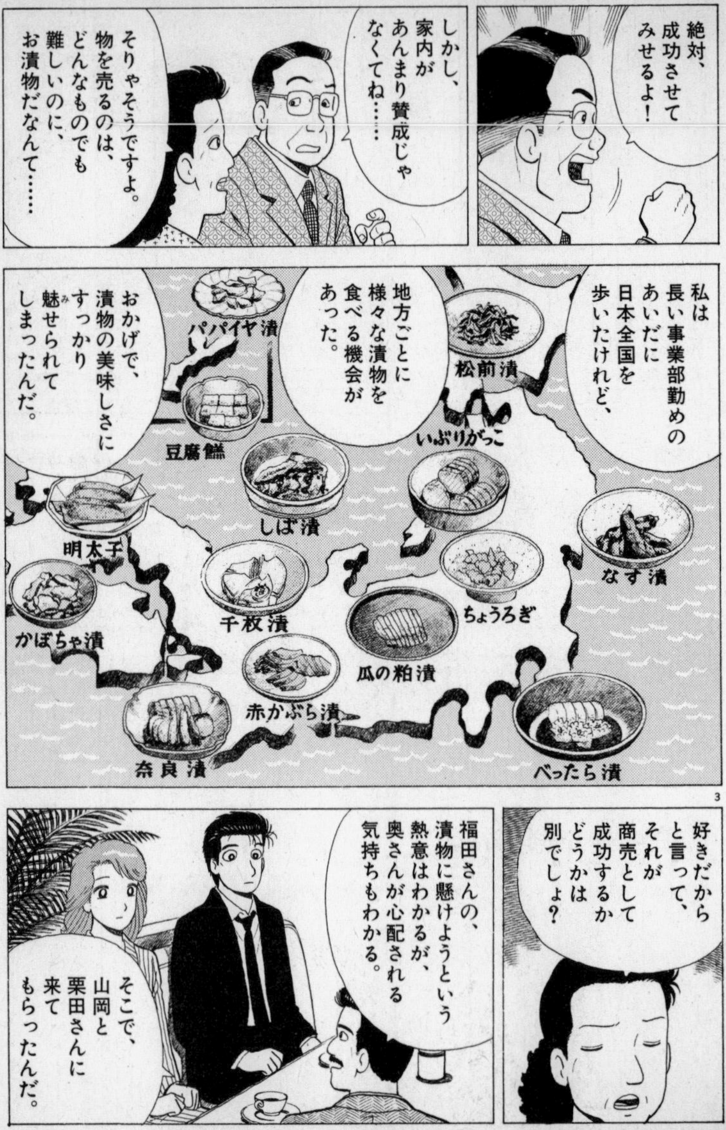
絶対、成功させてみせるよ！
しかし、家内があんまり賛成じゃなくてね……
そりゃそうですよ。物を売るのは、どんなものでも難しいのに、お漬物だなんて……
私は長い事業部勤めのあいだに日本全国を歩いたけれど、
地方ごとに様々な漬物を食べる機会があった。
おかげで、漬物の美味しさにすっかり魅せられてしまったんだ。
松前漬
いぶりがっこ
なす漬
ちょうろぎ
べったら漬
瓜の粕漬
しば漬
千枚漬
赤かぶら漬
奈良漬
豆腐餻
パパイヤ漬
明太子
かぼちゃ漬
3
好きだからと言って、それが商売として成功するかどうかは別でしょ？
福田さんの、漬物に懸けようという熱意はわかるが、奥さんが心配される気持ちもわかる。
そこで、山岡と栗田さんに来てもらったんだ。

漬物を売るという商売はどうなんだ？商売として可能性はあるのかね？
いったい、どうすればうまくいくのかね？
はあ……
漬物、ねぇ……
可能性があるかないか、判断材料を、か。難しいよな……
私もお漬物は大好きだから、商売としてもうまくいくと思いたいけど……
ま、いろいろ調べてみよう！
YOROZU・YA

なるほど、漬物か……
どうなんだろうね？野前さん。
尾沢
うちの店の「よろず屋」にも袋詰めの漬物を置いてあるけど、よく売れるよ！
やっぱり、日本人に漬物は欠かせないんじゃないの？
最近の若い人は、自分でお漬物を漬けないようですね。
めんどうなんでしょうね。
ぬか味噌(みそ)なんか、とくに手がかかりますし……
日本人が米の飯を食べてるあいだは、漬物はなくならないと思うな。
俺たち若い世代でも、漬物なんか喜ぶのかなあ？
お漬物の話が出たところで、こちらもお漬物を出しましょう。

おナスとキュウリのぬか漬けよ。
わあい！私、はるさんのお漬物、大好きなの。
困るんだよな。ご飯と食べても美味しいし、これで酒を飲むといくらでも飲めちまう。どっちにしよう？
どうして、同じ漬物の鉢がふたつも？
同じじゃないんです。
こっちは古漬け、こっちは浅漬け。
浅漬け？そんな軟弱なもん、作らんでもいいのに！
何で、浅漬けが軟弱なのかね！

へっ！何とまあ、下品な。

下品!?

だってそうだろう？ぬか漬けはぬかのうまさを味わうものだ。

2日か3日、十分に漬け込んで、ぬかのうまみをたっぷり吸い込んだ古漬けでなきゃ、本当の味は味わえん！

しかもキュウリの歯ごたえがぐにゅぐにゅして、気持ちが悪いし、ナスの色ときたら、汚らしいったらありゃしない。

古漬けにしてしまったら、ナスやキュウリの本来の味も香りも抜けてしまう。

古漬けなんて、野菜の真価もわからないアンポンタンの食べるものだよ。

そこへいくと、浅漬けはナスの色も鮮やかだしキュウリのしゃっきりした歯ごたえもたまらないね！

ア、アンポンタンだと、このっ！

ふふ……やはりお漬物って、日本人にとって特別なものなのね！

うん。浅漬けか、古漬けかでいい年こいたおとながケンカしたりさ。

む……

んぐ……

これは、お漬物屋さんは可能性があるということの証明にならないかしら？

日本人にとって漬物が力のある商品であることは間違いないもの。

問題は"どんなお漬物を売るか"ということじゃないかしら？

私、今、スーパーなんかで売っているお漬物は感心しないの。

まず第一に、化学調味料の大量使用で味がにごっている。

私も同感です。だから、福田さんがそんなお漬物を売る店でするんだったらうれしくないわ！

化学調味料以外にも、いろいろな調味料や色素の多用で、色も不自然だわ。

化学調味料を食べると、舌の両側や奥のほうに、酸っぱいような後味がいつまでも残るし、舌全体が痺れたような感じがして、なかなか取れない。
そんな味を味わい続けてると、舌の感覚が麻痺してしまって、微妙な味がわからなくなってしまうんだ！
だけど、日本人は化学調味料の味にすっかりならされちゃってるからさ。
化学調味料が入っていないと、物足りなく感じてしまうんだ。
もう日本人はダメよ!!味のことなんか、何もわかっちゃいないいんだ。
そう一概には言えないんじゃないでしょうか？
私のお店の漬物を食べて、〝スーパーなんかで売っている漬物とはぜんぜん味が違う〞と言って喜んでくださる若い人が多いのよ。
はる
はる
確かに、化学調味料は氾濫してるけど、
一方で、〝化学調味料はもうイヤだ〞と言い出してる人が多いことも事実ね。
ふうむ……はるさんのおかげで、いろいろ勉強になったぞ！

そうか、漬物店は商売として可能性があるか？じゃ、大丈夫だな。
あ、何でもかんでも大丈夫というわけではありません。
条件があります。
何、条件？
さあ、お茶受けにお漬物はいかが？

へぇえ。お茶受けにお漬物とはうれしいね。
田舎では、みんなこうだったのよ。
お！これはキャベツのぬか漬け。
キャベツって、ぬか漬けにすると甘味が出て美味しいのよね。歯ごたえも独特だし。
あ、これ、スイカですね。香りがさわやかですてき！
小玉スイカの赤いところはいただいて、残りを漬け込むの。
漬かったら皮をむいて、白いところだけ食べます。

ほ〜っ！この沢庵本物だよ！
漬ける前の干し方も十分。塩加減も上々。
じっくり熟成しきっているから、味に尖ったところがぜんぜんない。
この柴漬け、おナスもキュウリもミョウガも大ぶりにざくざく切ってあるけど、そこがいいわ！
そうなのよ。市販の柴漬けは、最初から小さく切って漬けるものが多いのね！
そのほうが早く漬かるということなんでしょうけど、あんなに小さく切ってしまっては、お野菜の味が抜けてしまうの。
さっきからうかがってると、このお漬物は全部お宅で？
当然ですよ。全部、私が漬けたんです。
へぇえ！
すごい腕前ですわ！

どうだい。君の漬物小屋、お見せしたら？
そんな！恥ずかしいわ。
漬物小屋!?
13

すごい！
この樽（たる）とかめの数！それも、大きなものが！
お漬物は、たくさん漬けないと美味しくないのよ。
福田さんがお漬物屋さんを始めるのに、奥さんが賛成されないから、
お漬物には興味を持っておられないんだ、と思っていました。
とんでもない！もともと私の漬物好きは、家内に仕込まれたからですよ。
私がお漬物屋さんを開くのに賛成できないのは、自分で漬物作りをするからなのね、きっと。
どうしてですか？
だって、お漬物は私だって作れるのよ。それなら誰だって作れるでしょう？
そんなもの、お金を出して買う人がいるとは思えませんもの。

14

奥さん、漬物を買ったこと、ないんですか？
冗談じゃありません！漬物をどこかの店で買ってくるなんて、日本の主婦のたしなみから外れたことです。
そんなこと、恥ずかしくてできますか！
……
50年前ならともかく、今の時代にこんな女性が存在するなんて……
きっと福田さんは、奥様のこと箱入り娘のように大事にされてきたんですね？だから、ぜんぜん世間の汚れに染まっておられないの。
いや、ま、その……何と言うか…
あら、そんな……
15
いい年をしてふたりでデレデレしている場合じゃないでしょ！
連行する！
あら、あなた。
おい山岡くん、家内に乱暴はよせ！
ええい、やかましいってえの！

大百貨
INTERIOR
SPORTS
FASHON
FOOD
RESTAURANT
全国漬物展
日本中から美味しい漬物集めました!!
輸入家具、特選品 大バザール
屋上ビアガーデン
●夜10時まで営業●
まあ!全国から美味しい漬物を、ですって!
ほお!こりゃ大変なもんだな!
ま、味をみてまわろうじゃありませんか。
楽しそうね。
国漬物展
みそ漬
梅干し

16

ら漬
日本一
たく
さあ、どうぞ！ご試食ください！世界一の沢庵です！
門外不出の名品だけど、今日は特別に販売するんです。おひとり様3本までね！

ダッ
粕漬
わさび漬
あ、珠恵。どうした!?
こうしてコーヒーをお代わりしてもさっきのイヤな味が消えないのよ!
営業中
べったりくどくて、人工的な味と臭いで、色も毒々しくて……
ひどい漬物ばかりだったね。
ひとつ見本に買ってきました。
この袋に書いてある使用原材料を見てみましょう。

18

野菜、塩はいいとして、
材料名
だいこん きゅうり なす
漬け込み原材料〔しょうゆ 砂糖 豆板醤 アミノ酸液 食塩 香辛料 かきにくエキス 酸味料 調味料(アミノ酸等) 保存料(ソルビン酸K) 酸化防止剤(ビタミンC) 着色料(カロチノイド 黄4)〕
内容量 130g
直射日光、高温多湿を避
化学調味料、合成保存料、色素、甘味料……まだまだいろいろ入ってるね。
保存料って何ですか?
お漬物は、もともとそれ自体、保存がきく食品なんです!
それに保存料を入れるなんて、おかしいじゃありませんか?
長距離輸送したり、長期間持たせようとすると、必要なんでしょう。
温度管理の手間も省けるし……
それじゃ、作って売る側の便利しか考えてないじゃないですか! そんなもの食べさせられるほうはいったい……
まあ、そんな!
作るほうはそんなことまで考えないんですね!
お宅でいただいた沢庵は、自然にべっこう色になってましたよね。
でも、さっき試食した〝世界一の沢庵〟の色ときたら、着色料で染まって……

色だけじゃありませんでしたよ。しつこい化学調味料の味が強烈で、とても飲み込めたもんじゃありませんでした。
でも、今日試食した漬物のほとんど全部が、ひどいものだったたな。
これが日本の現実か……
で、福田さんの考えておられる漬物店の話ですが……
私たちに考えが……
20
あなた、お漬物屋さん、絶対に始めましょう！
ええ!? どうしたんだ、急に？
損をしなければいいんでしょう？私たちふたりだけがかつかつ食べていければ、それでいいんでしょう？

もちろんだ。“金を儲けよう”なんて思っちゃいないさ！
じゃ、決まりね。お漬物に可能性があるかないか、そんなこと問題じゃありません！
日本の食文化の大事な伝統のひとつであるお漬物を守るために、私たち、何かをしなければならないんです。
君、待ちなさい。山岡くんと栗田さんが今、何か、いい考えを話してくれようと………
いや、俺たちは、奥さんと同じことを言おうとしてたんです。
ええ!?
私たち奥様の漬物小屋を拝見して、奥様なら絶対、私たちの考えをわかってくださると思ったんです。
まあ、そうだったんですか？
今、店で売っている漬物に絶望している人たちは、たくさんいます。
大勢の人が、本物の漬物を欲しがっているんです。

21

そういう人たちに、本物の漬物の味を与えてください！
いい味の夫婦だよな。
長年つれそって、古漬けの味ね。
ふむ……どんな漬物も、古漬けになる、か……
それ、どういう意味!?
いや、あのその、パピプペポ……

22

第2話
居酒屋、新メニュー!?
〈前編〉

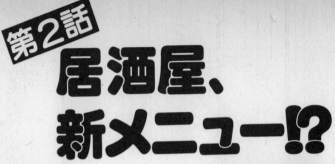

ぐおぉ〜〜っ
副部長、また居眠りを……
どうされたのかしら……？最近しょっちゅうね。
疲れていらっしゃるみたい……
そんなわけで、文化事業の一環として、
「近代日本陶芸展」を、わが社が主催することになったが、

ずびびーっ

ぐびーっ

実際の業務は、われわれ文化部が引き受けることに……

今すぐに、食事のしたくするからね!

寝てしまった!奥さんに寝顔を見せたりしてごめんね!

あーっ

ハッ

ちょっと!富井くん!

これまで、さんざん減点重ねてる副部長じゃないですか?

今さら、居眠りで、くったって気にすることないですよ!

減点

プッ

ああ……大失態だなぁ……

3

でも副部長、
どこか
お悪いんじゃ
ないでしょうね？
最近
居眠りばかり
なさって。

え？
そ、
そんなに？

そりゃ確かに、
疲れてるって
ことは
あるよな……

でも……

健康診断？
そんなもの
いらないよ。

健康診断を
受けられたら
いかがですか？

何だか、
とてもお疲れ
みたいですね。

4

ああ、
松川さん。

へい！文化部で
ごじゃい！

文化部

話？
何すか？
深刻な声で。

へぇ？
副部長の
ことで？

わかりました。

俺も、
最初
信じられな
かったよ。

副部長が
そんな
ことを！

何で
すって!?

5

でも、
この目で見たんだ。
間違いじゃない。

居酒屋
てんてこ
おでん
居酒屋
てんてこ
美味
サッポ
商い中
居酒屋
てんてこ
ありがとうございましたぁー!
3番さんお酒追加!
6番さんにらタマとげそ焼きでーす!
はい。
染めちゃん、このテーブル片づけてね!
てんてこ
お座敷、お客様お帰りでーす!
お勘定お願いしまーす!
はーい。

本当に副部長だよ。
居酒屋で働いてるなんて……
このあいだ、取材の帰りにこの店の前を通りかかったら、富井副部長がお客を送って出てきたんだ。
東西新聞社からはなれてるから、安心して働いているんだろうけれど、やはりまずいよ。
どこの会社でも副業禁止は当たり前だもの、ばれたらただじゃすまないよな。
そんなこと、副部長だって十分わかっておられるはずなのに……
よし、入ろう！
いらっしゃいま……
しぇえ——っ！

最近、副部長がお疲れの原因がこれでわかりました。
いや、その……
富井副部長、まずいですよ。俺たちだからよかったけど、他の人間に見つかったら……
こういう副業はダメなんじゃないの？
待ってください。皆さん誤解しておられます。
富井さんは、私たちを助けてくださってるんです。
と、おっしゃいますと？
8
富井さんは、うちの主人の小学校時代からの親友なんです。
その主人が、病気で入院してしまって……主人の代わりに私が店をまかされたんですが。
でも、私には店を切り盛りする才覚がなくて……困っているのを、富井さんが見かねて助けてくださってるんです。

へえ！副業でこんなことをしていたんじゃなかったんですね？
とんでもない！富井さんは、交通費しか受け取ってくださらないんです。
そうだったんですか……
でも富井さん、会社の方たちのおっしゃるとおりです。
今まで助けていただいただけで、もう十分です。後は私が何とかがんばってやっていきます。
奥さんは、中野の看病やお子さんたちの世話もしなきゃならないし、
そううまくはいかないだろう……
誰か、他の人を雇うわけにはいかないんですか？
料理人なら雇えても、店全体の経営をまかせられる人となると……
要するに、ご主人が回復されるまで、ご主人の代理が勤まる人間がいいんですね？
それが簡単に見つかったら、私もこんな苦労はしないよ。
やってみましょう！私たちだって、副部長のお手伝いをいたします。

でも、どうやって？
大丈夫！山岡さんが探しますから。
ええ！俺が！
あのねえ！居酒屋の経営って難しいんだぞ。誰にでもできるってもんじゃない。
たとえば、居酒屋のチェーン店に加盟して研修を受けて、本部の決めたマニュアルどおりに運営すれば、
素人でも、短期間で何とか店を切り盛りできるようになるけど、
副部長みたいな素人が安易に手を出したら、こけるだけだよ。
ムッ
かと言って、どこかの居酒屋にいって店長を貸してくれと頼んで、貸してくれるわけないだろう？
あ。それがいいわ！
それがいいって何が？

うむく
腕利きの店長を
捕まえてくれば、
少しくらい
高い給料を払っても
十分に儲かる。

人の話を
聞いてないのか!

どこかの居酒屋に
いって
店長を借りてきて。

ね?

ね、じゃ
なーい!

奥さん、
聞いたでしょう?
私はいい部下を
持ちました。

この山岡が、
店のめんどうを
みてくれる、
腕利きの店長を
探してきて
くれるって……

まあ!
うれしい
こと。

知らない、
知らない!
俺そんなこと
言ってないよ!

こおの野郎!
私のことを
素人だから
ダメだなんぞと
言っときながら、

今さら、
店長見つけられ
ないですむと
思ってんのか!

腕のいい店長を
見つけて
こなかったら、
死ぬまで
かみついて
はなれんぞ!

NEW GINZA
NEW
勝手なお願いをして、申しわけありません。
いやいや、ゆう子ちゃんのためなら何でもするよ。
俺は？
君たちから話を聞いて、すぐに私は手を打った。
居酒屋チェーンで「ももいろ河馬（かば）」って知ってるだろう？
ももいろ河馬
ああ。最近、猛烈な出店攻勢で、居酒屋業界で話題を巻き起こしてる会社ですね。

その会長の川平馬助氏に来てもらうことになった。
へえ〜 川平氏と言えば、業界の風雲児としてまだ若いのに有名な人。
まあ。そこまで話を進めてくださっているなんて本当にありがとうございます。
だから！ゆう子ちゃんのためなら何でもするって。
頼んだのは、俺なんだけど……
もうそろそろ来るころだ。
じむぅ…
やあ！板山社長、ご無沙汰していています。
おお、川平くん。今日はすまんね。こちらからお願いごとがあるというのに、お呼び立てしちゃって。
何をおっしゃいますか！大恩ある大先輩の板山社長のお声がかかれば、どこへでもはせさんじます。

いやいや、君は相変わらず年寄りを喜ばせるのが上手だねえ〜。
はっはっは。だいたい、社長とか会長とか、えらくなった人ほど歯の浮くようなお世辞に弱いですな。
日本の財界というところも、程度が低いですね。
こらこら！正直な奴だ。
なるほど、お話はよくわかりました。
うちの組織から、誰かひとり有能なものをお貸ししましょう。
助かります。
何とお礼を申し上げたらよいか……
川平くん、ありがとう。

ただし、条件があります。
条件!?
板山社長のお話では、おたくたちは例の『究極のメニュー』の担当者ということですが、
週刊タイムでおこなわれている『至高のメニュー』との対決をいつも感心しながら興味深く読んでます。
ありがとうございます。
そこで、条件というのは、『究極のメニュー』の知恵を貸していただけないか、ということです。
わが「ももいろ河馬」チェーン店は、居酒屋業界の革命児を自任して、今までにない居酒屋を作ろうと努力しています。
その努力が認められて、各店とも営業成績がよく、チェーン加盟店数がどんどん増えていっています。
チェーン
このままいけば、日本制覇は時間の問題。
わあ、すごい!
と、ここで有頂天になってしまったらおしまいです。

さらに、良いものをお客様にお出しして、お客様の満足をとことん追求する。これが商人道というものでしょう。
そのために、『究極のメニュー』の協力をお願いしたいのです。
なるほど。
東西新聞社と『究極のメニュー』の名を使わなければ、別に問題はないと思いますが……
名前なんか使う必要はありません。いい献立ができればいいんです！
承知しました。お手伝いさせていただきます。
いやぁよかった、よかった。これで決定だな。
さっそくですが、どうでしょう？明日、うちの本部で新献立開発会議があるんですが……
その席に数品、これは、とお考えのメニューをお持ちいただけませんか？
しかし、その副部長さんの話、急ぐんじゃないんですか？
え！明日ですか？
そりゃまた、急な！
ええ、それは……

わかりました。明日までに、何か考えて持っていきます。
そうですか。楽しみにしています。
私もいくよ。
東西新聞社
スー..
ぐう〜っ
ふが〜っ
そんなわけで、山岡さんと栗田さん、昨日徹夜で、新しいメニュー作りをして大変だったんですって……
それじゃ眠いわよね。うまくいくといいけれど……

ん？
ずびび〜っ
ぐぶ〜っ
いったい
わが文化部は
どうなってる
のかね？
居眠り病でも
ハヤって
いるのか？
18
ももいろ河馬チェーン
総本部

今日の新献立開発会議には、外部からのお知恵を拝借することにした。
山岡さんと栗田さんだ。
おふたりは、今までにいろいろと新しいメニュー作りに取り組んでこられた実績がある。
おふたりの力で、わが「ももいろ河馬」が、他の居酒屋を引きはなすことのできる、魅力的な献立作りができるものと期待している。

どうも。
よろしくお願いします。
パチパチパチ
では……
今日は私たち、三品用意してきました。
20
まず、マッシュルーム・パイ。

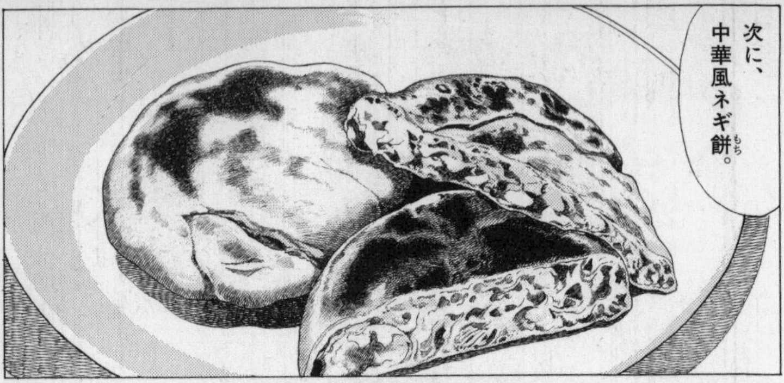
次に、中華風ネギ餅。

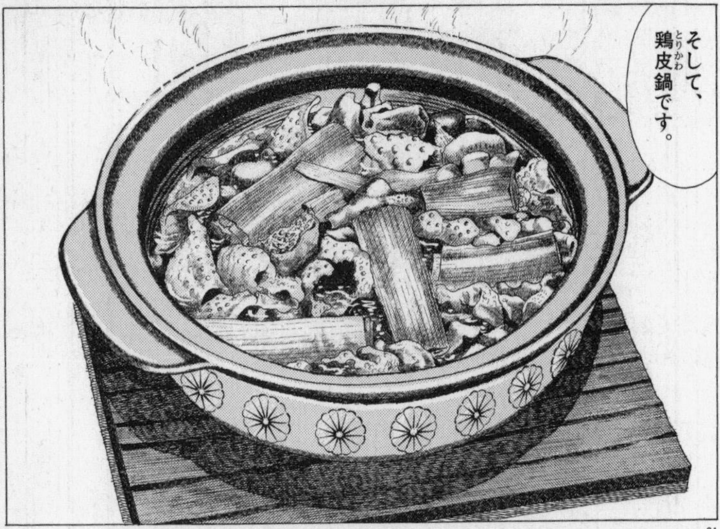
そして、鶏皮鍋です。

21

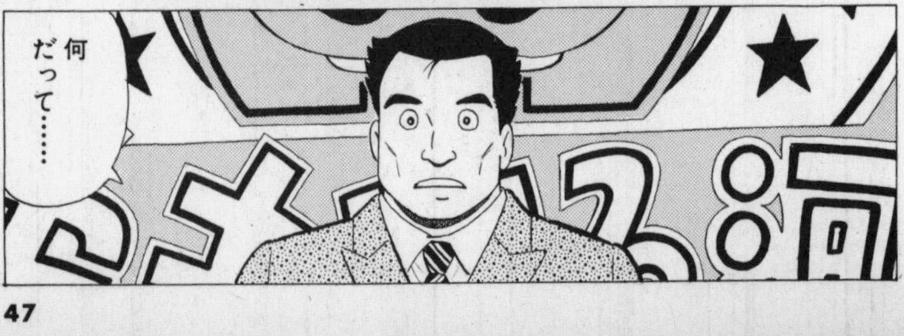
何だって……

マッシュルーム・パイ、中華風ネギ餅、それに鶏皮鍋だって……
はい。
冗談じゃない！こんなもの何の役にも立たない！
居酒屋をバカにするなよ！これじゃおたくに協力なんかできないいね！
え!?
まあ、どうしてですか!?
何か、まずいことがあったか!?

22

第2話

居酒屋、新メニュー!?〈後編〉

川平くん、このメニューが気に入らないのかね？
こんなものダメだ。ふざけすぎだ！
……
私たち、能力はないかも知れませんが、こういうときにふざけたりするほど程度が低いつもりはありません。
いったい、どこがふざけすぎなのか、私たちも知りたいので、このメニューの説明をさせていただきます。
ふむ……

まず、マッシュルーム・パイですが、
マッシュルーム、タマネギ、ベーコンをバターで炒め、
それをトマトソースで煮込んだものを、
パイ皮で作った容器に入れて、
上にチーズをのせてオーブンで焼きます。
ピザに似て、それよりたっぷりした感覚が、若者に受けると思います。
3
美味しいだけでなく、居酒屋の臨時雇いの店員にも作れるところがミソです。
作りおきの中身をパイ皮の容器に入れて、チーズをかけて、オーブンに入れるだけなので、かんたんです。
よくできた料理じゃないか。
臨時雇いの店員にもできるように考えてあるところなんか、泣かせるね。

次は、中華ネギ餅です。
小麦粉を練って1時間ほど寝かせて生地を作ります。
長ネギをみじん切りにして、ゴマ油をまぶし塩で味をつけます。
それを餡にして生地で包んで餅にします。
できた餅をフライパンにたっぷりのゴマ油で、
表面がパリッとなるように焼きあげます。
こういう中華風の味わいは、若い人に人気があります。
生地は冷蔵庫に入れておけば4、5時間はもちますし、
2、3度練習すれば臨時雇いの店員でもできるメニューです。

次は、鶏皮鍋です。
鶏で一番美味しいのは皮と内臓。
その料理の仕方はいろいろありますが、この鶏皮鍋は調理がかんたんで、しかも味は最高。
まず、鍋を熱してその中に鶏の皮を入れ、
じっくりと鍋で焼く。
脂がたっぷり出てきたら、そこに内臓を入れる。
内臓も鶏皮から出た脂で焼くわけです。
内臓に軽く火が通ったところで、長ネギを5センチくらいに切ったものを入れ、
最後に酒と醤油を加えてやる。
鶏皮から出た脂と内臓から出た汁は、なまじ、スープやダシなどで薄めていない分、鶏の味と香りが濃厚で若い人には絶対喜ばれます。
料理の仕方も一度やって見せれば素人でもできる。
たはは、これはうまそうだ。いい香りがぷんぷんとして！

私たちのメニューの説明は、これでおしまいです。
川平さん、教えてください。このメニューのどこが、ふざけすぎだとおっしゃるのですか？
おふたりは料理の説明をするときに、変わったことを言ってましたな。
へ？変わったこと？
何か、ヘンなこと言ったかしら…。
どの料理も、臨時雇いの店員でもできる、そう言いましたな？
それに、どの料理にも若い人に好まれるという注釈がついていた。
ええ。最近の居酒屋の営業形態を考えると必ずしも熟練した料理人ばかりを雇えないようですから…。
最近の居酒屋は、昔の、いわゆる大衆酒場と違って若い年齢層のお客が多い。
それなら若い人を引きつける料理がいいだろう、と考えたんです。

あんたたち
居酒屋を
なめている!

この3つの料理、
いかにも
居酒屋でございって
顔をしてるじゃないか。
居酒屋なんか
しょせん
こんなものという
意識が丸見えだ!

こんな
いかにも
居酒屋風の
メニューなんか、
あんたたちに
頼まなくたって
われわれで
開発できる。

え!

いえ、
……
そんな

『究極のメニュー』の
担当者に
私が望んだのは、
居酒屋経営者が
思いもつかない
メニューだよ!

おふたりが
すばらしいメニューを
考えてくだされば、
そこから先は
私たちの仕事だ。

調理がかんたんだとか、
若者向きでなければ
いけないとか、
そんなことは
あんたたちに考えて
もらう必要はないね!

あ、あ……

7

うう……

いや、
川平くん
待ってくれ！

どうやら、
『究極のメニュー』
担当者だから、と
私の期待が
すぎたよう
ですな……

たはは……
こいつは、
とんだことに……

それは、
川平さんから見れば
ふざけていると
思えたかもしれない。

確かに俺たち、
居酒屋の
メニューだから、と
勝手に枠を作って
考えていた……

8

私たち、
川平さんの
望んでおられる
ものを
読み損なった
わね……

でも、このままじゃ口惜しいわ。
うん。さんざんコケにされたからな。一本取らなきゃ。
と言って、どうするか……副部長のこともあるからなあ……
そうよ！絶対に川平さんをぎゃふんと言わせて、副部長のお店に店長を派遣してもらうのよ。
東西新聞社
文化部
おまえのおかげで大恥かいたじゃないか！
あそこで居眠りこくとは何事だ！
この大ぼけが！

どうしたんですか?
副部長が世界新聞協会のアジア支部の会合に、局長と次長のお供で出席したんだけど、
その席上で副部長居眠りをして、寝言まで言ってしまったんです。
わ、そりゃまずいよ。
役立たず!恥さらし!おたんちん!ごみ!くず!ごくつぶし!
次長、申しわけありません。
君はひどく疲れているようだ。医者にみてもらったらいい……
会議室

副部長、また昨日も遅かったんですね？

やはり、副部長がいらっしゃらなければダメですか？

山岡ぁ～まだ見つからないのか？私の代わりの店長は……

そ、それが……

早く見つけてくれよ！

見つからないなら、おまえがしゃしゃり店長になれ～っ！

ひ～ん

11

へぇぇ～難しいわねぇ……

居酒屋の経営者が、思いもつかないような献立と言っても、ぜんぜん実用的じゃない料理じゃ困るんだし……

ええ、従来の居酒屋のメニューを超えていながら、実用性も持たせるとなると、
本当に難しいわ。
ガラ
お！かわいい店子どもよ、やってるな！
おっ！因業大家、だいぶ酔っ払ってるぞ！
いやっはっは、昔の仲間が集まって飲み会でさ〜。
私は、特異体質なのかねえ〜どういうわけか、酒を飲むと酔っ払っちゃうんだよ〜。
何を、言ってんだか。あほらしい。
ご機嫌ですね。何か、お飲みになりますか？
いや、もうけっこう。じつは飲んだはいいが、お腹の具合がね……
向こうで何か、めしあがってくればよろしかったのに……

12

すっきり締めるものというと？

いや、その店にはさ、酒の肴に向いたしゃれたものとか、手の込んだ料理はあるけれど……

酒の後に、一本すっきり締めるようなものがなくってさ……

何を言うか、酒を飲んだ後にそういうものを食べてこそ、胃袋がすっきり落ち着くというものだ！

それは、単なる胃袋怪獣だってぇの〜。

そうだなぁ〜赤飯とかカレーライスとか、カツ丼とか……

そんなもののどこがすっきりしてんだよ！

13

へ？

山岡さん、これだわ！

川平さんをぎゃふんと言わせることのできる居酒屋メニューよ！

出直してきたとは、いい根性だな。
『究極のメニュー』がどんなものか、見せてもらおうじゃないか……
ま、ごらんください。
では、まいります。

な、何だ〜これは!?
本気か!?
悪ふざけも度が過ぎているぞ!
お、おい山岡くん、ゆう子ちゃん、これは冗談だろう?
いいえ。これが今日、私たちが考えたメニューです。
正真正銘、『究極のメニュー』から居酒屋に対する提案です!
説明してもらおうか?

16

私たち、居酒屋でいつも感じる不満がありました。

それは、お酒を飲みいろいろ料理を食べ、これでおしまい、というときに感じる不満です。

おしまいに感じる不満!?

それをよく知っているフランス人は、食後にたっぷりとデザートを食べることを始めた。

そうです。何か物足りない、この場を締めるものが欲しい、そう思う人は多いはずです。

デ、デザート！

17

今の居酒屋は、その最後の大事なところを見逃しています。

居酒屋は、次にどこかに飲みに行く前の下地を作るためとでも思っているのでしょうか？

少なくとも飲食に関しては、最後まで居酒屋で満足させるくらいに欲張ったほうがいいと思います。

こんなことを言うと、"居酒屋の経営に口をはさむな"と怒られてしまいますね？

い、いや、そんなことはない……

最後を どう 締めくくるか、人によって 違います。
日本人は 麺類(めんるい)が 好きです。
飲んだ後に ラーメンというのは、日本の酔っ払いの 定番でしょう。そして、カレーうどん。カレーも日本人は大好きだ。これで締めたいと思う 人も多いはずです。
それじゃ〜 きつ過ぎるという人には、キツネうどんや、にゅうめんが 胃に優しくて 喜ばれるでしょう。
ううむ!? そういう ことか……
お酒の後に 甘いものが 欲しいという 人も多いはず です。
そういう人の ために、さっぱりと 白玉小豆。
そして こってりと あんみつです。
もっと濃厚な 甘いものを 好む人のために、洋風の甘いものも 用意しました。
フローズンヨーグルト、チョコレート・パフェ、バニラシェイク、そしてドーナッツです。
甘いものが 苦手という人には ところてんと、
お餅を焼いて 海苔で巻いた 磯辺巻きも 用意しました。

18

いや、まさにこれは、われわれが考えつかなかったことです。
最後を締めくくるものとはなあ〜。
今までわれわれが気づかなかったばかりに、こういう美味しいところを他の飲食店に取られていたんですよ！
最後を締めくくるものは、この他にもいろいろ考えられる。これはいい考えを頂戴しました。
聞いたとおりだ。じつに大いに役に立つ。
お礼を言います。
どうも。
お役に立ててうれしいですわ。
ひゃあ！さすがは、山岡くんとゆう子ちゃん、やってくれたな！

それじゃ川平くん、約束どおり……
もちろんです。「ももいろ河馬」の中でも最優秀の店長を派遣します。
ありがとうございます！
数日後……
富井副部長、よかったですね。「てんてこ」は大繁盛だそうじゃないですか？
いや、やはり本職の店長は違うもんだね。もうこれで心配ない。
いい部下を持ったおかげだよ。

20

へっへ……
これで、今度のボーナスの査定はばっちりね。
これと、ボーナスは別。私は公私混同するのが大嫌いでね！
調子のいいときだけ公私混同しておきながら！
居酒屋
おでん
居酒屋 てんてこ
まあ皆さん、よくいらっしゃいました。
てんてこ
ちょうど「ももいろ河馬」の川平会長が視察にお見えで……
あ、どうも。
やあ、山岡さん、栗田さん、その節は……
会長のおかげで大繁盛です。助かりました。
いやいや、私も山岡さんと栗田さんのおかげで、いろいろと勉強になりました。

21

マッシュルーム・パイ一丁！ネギ餅一丁！鶏皮鍋一丁！
てんてこ
てんてこ
え!?
川平会長が教えてくださった新しいメニューで大人気なんです。
やっぱり、よく研究されているところは違いますね。
あのとき、ああは言ったけど食べてみたら美味しかったので、使うことにしたんです。
おふたりには、感謝、感謝、わあっはっは！
負けたよ……
商売で成功する人は違うわ……

22

第3話

釣りVS動物愛護!?

こんちは。
いらっしゃい。
主人ももうじき、帰って来るころよ。
おじゃまします。
今日、小泉局長は情報産業釣友会の面々とアユ釣りに行かれました。
たくさん釣って帰って来るから、アユを食べに来い、とお誘いを受けたのです。
パタパタ

ひとり、最低10匹は食べたいね。

アユときたらまず、塩焼きだよね。

これもここで仕込んで、土産に持って帰って、後でたっぷり楽しんじゃおう！

ウルカもいいねえ〜。

ここでしめて、家へ土産にもらって帰ろう。

それから、酢でしめてアユずし。

3

あらあら、そんなにたくさん釣れるかしら？

大丈夫です。たくさん釣れなくても、土産だけはしっかりもらって帰りますから。

乱暴なこと言わないの！

ただいま

あ、帰って来たわ。

お帰りなさい。

たくさん釣って来てくれたでしょうね?

今日はさんざんな目にあったよ……

釣れなかったどころか……

ありゃりゃ!ぜんぜん、釣れなかったんですか?

4

ザァー!

いったい、何があったんですか?

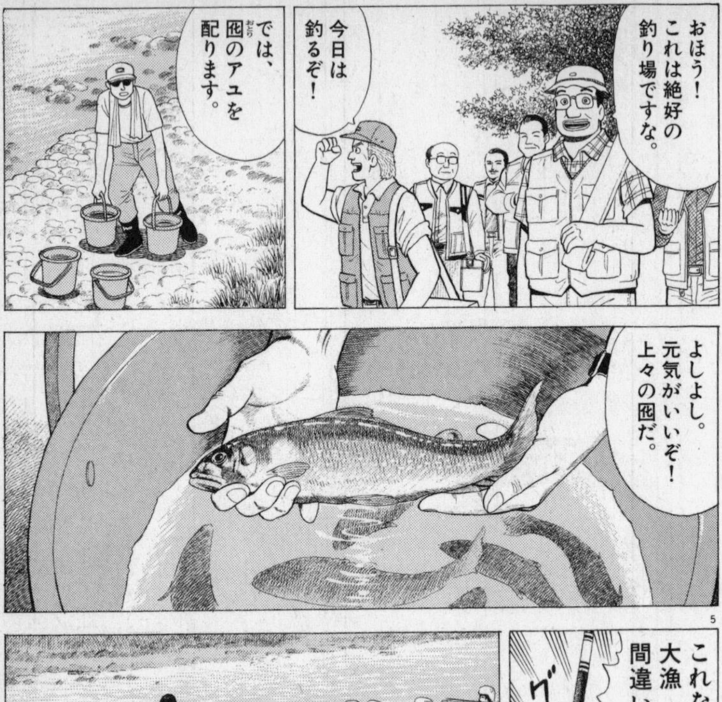

では、囮のアユを配ります。

今日は釣るぞ！

おほう！これは絶好の釣り場ですな。

よしよし。元気がいいぞ！上々の囮だ。

これなら大漁間違いなし！

グッ

では、始め！
あの連中、カヌーなんか！
冗談じゃないよ！やめさせなきゃ!!
ちょっとあんたたち困るよ、こんな所で……
ここは、アユ釣りの漁場だよ。釣れなくなるじゃないか！
何!?
われわれは国際協力事業の一環として、東南アジアの自然環境保全をおし進めている。
自然環境の調査をするのに、陸路を行くより水路を行ったほうが効率的な所もあるために、こうしてカヌーの訓練をしているんだ！

アユ釣りなんかと、われわれの訓練を一緒にしないでくれ！
そんな、よその国のおせっかいなんて焼いてないで、日本人なら日本の環境保全に取り組んだらいいじゃないか？
何！
あ……
小泉さん、この人を敵に回すのはまずい。
ん!?
あの有名な自然保護運動家の鎌沢氏だ。環境保護活動では、国際的にも大きな影響力を持ってる人だよ。
え!? この人が!?
よその国のおせっかい焼かずに、日本の環境保全に取り組めだと!?
いいだろう。やってやろうじゃないか。
その中に入っているのは、友釣りに使う囮のアユだろう？

動物愛護の観点からは、禁止するべきものだ！

これほど悪辣（あくらつ）で残虐（ざんぎゃく）な釣りはない！

囮（おとり）のアユに針をかけて泳がして、別のアユを引っかける。

え！？動物愛護！？

釣った魚は、戻してやらずに殺してしまうから、どんどん魚の数が減っていく！

魚も野生動物だ。野生動物を絶滅に追いやってるのが、あんたたち無思慮な釣り人たちなんだ。

さらに釣ったアユはどうする？川に放（はな）してやるか？

いいやそれは……

私も釣りは好きだ。もっぱら、ブラック・バスを対象にしたスポーツ・フィッシングだ。

だが私は、釣った魚は川に戻す。

8

しかも使うのは、ルアーやフライなどの擬似餌だ。
他の昆虫や小動物をエサに使うのは、二重の殺戮だからな。
うう……
おや……見たことのある顔がいくつかある。新聞社やテレビ局の方たちじゃないか？
え、あ ええ……
すると、あんたは？
こっちにいるのは、帝都新聞社の編集局長で……
何で、人のこと言うの！
こっちは、東西新聞社の編集局長ですよ。
ふううん 日本を代表する二大新聞の編集局長が、そろってこんな残虐な釣りに興じているとはね。
いや、ま その……

私は釣った魚を川に放さない釣りは、禁止する運動を起こす!
社会の木鐸であるはずの新聞人が、こんな釣りに熱中して日本の環境破壊に加担しているとは、由々しき問題だ。徹底的にあんたたちを糾弾する!
ひえええ
そんなに鎌沢氏という人は、影響力があるんですか?
大変なものらしいよ。以前にも、テレビ局の編集局長が自然保護に背くような番組を作ったということで、
彼の攻撃を受けて、クビになったことがある。
まあ……

どうすればいいのかしら……
ねえ、山岡さん。
くそ、頭にきた！せっかくアユを楽しみにしてたのに！
この恨みはらさずにおくものか！その、鎌沢という男、やっつけてやる！
おい、おい、頼むから無茶をするなよ。
11
数日後、琵琶湖——

本当に大丈夫なのかね？
これ以上鎌沢氏を怒らせて、騒ぎを大きくされたら困る。
いや、山岡がどうしても、と言うので……
まあ、まあ、そんなに心配しないで。
〝心配するな〟と言ったって……
何とも、頼りないからなあ……
ガラ
あ、これは遠い所までお呼び立ていたしまして……
東西新聞社の山岡です。
栗田です。よろしくお願いします。

12

弁明するのに、どうして、琵琶湖まで来なければならないんだ?
それは、これを食べていただきたいからです。
おや、鮒寿司じゃないか!?
よく、ご存じで。
私の好物だからな。
この、独特の匂いが好きでね。嫌いな人には、耐え難い匂いらしいが……

鮒寿司が好物とあれば、話は早い。
鎌沢さん、この鮒寿司の値段、いくらか知ってますか？
高価なものだということは知っているよ。
以前、1匹2000円とか、3000円とか、すると聞いた。
それは、10年以上も前のことですね。今は、1匹、1万円前後します。
何、1万円前後！信じられない値上がりだ！
鮒寿司がこんなに高価になった原因は、何だと思いますか？
ううむ……
ちょっと、琵琶湖を見に行きましょう。
鮒寿司に使うのは、〝にごろ鮒〟と言う鮒です。

14

鮒寿司はもともと、小さな個人営業の店で作られていて、大量生産がきかないところに持ってきて、
最近のグルメブームの騒ぎで鮒寿司が人気になって、高くなったこともあるのだそうです。
ただ、にごろ鮒が減少しているのも事実です。
まず、水質の汚染があります。この琵琶湖には、周辺市町村からの汚水が流れ込みます。
一説によると、にごろ鮒は汚染に強いので、水質汚染はあまり関係ないとも言いますが、農薬による水質汚染はやはり問題でしょう。
当然だな。農薬は直接、魚を殺すもの。
琵琶湖には、あのような葦の群生がたくさんあります。
葦は魚が卵を産み繁殖するのに、とても大事なものなんです。
ところが琵琶湖の総合開発によって、湖岸を埋め立てたり、護岸工事をしたために、葦が大幅に減ってしまったのです。

情けない話だな。目先の利権に目のくらんだ政治家たちと、自分たちの権益を守ることに汲々としている官僚たちが、
かけがえのない国土を破壊していってるんだ。
17
あ、釣りをしているよ。
おや、ブラック・バス釣りだな。
私もブラック・バス釣りが好きでね。何といってもあの引き味がたまらない。
じつに力があるからね。まさに魚と格闘する楽しみを味わえるよ。
へええ〜。魚と格闘する楽しみ、ですか。

16

あら、

あの人、釣ったわ!

ブラック・バスだ!

そうさ。そこが、スポーツ・フィッシングだよ。

せっかく釣った魚を放してしまうの!?

魚と釣り人は、ゲームをしたわけだ。釣り上げたところでゲームは終了。遊んでもらった魚には感謝して放してやる。

動物愛護の精神だよ。釣りはすべて釣ったら放す。これを原則にするように、私は運動を起こすつもりだ。

17

ええ、にごろ鮒が減少した理由ですが……先ほど、栗田が言い忘れたことがあります。

ん!?と言うと!?

何か私に言いたいようだな。

はあ……動物愛護の精神ですか!?

じつは、あのブラック・バスににごろ鮒の卵が、かなり食われてしまうんです。
何!?
鎌沢さん、ブラック・バスが日本在来種ではないのはご存じですね?
あ、ああ。
最初は、箱根の芦ノ湖に食用として導入されたのが、始まりだと言われてますが……
その後、日本中の湖に広がっていったのは、釣り師たちが放したからだそうです。
ブラック・バスは引き味が豪快で、
スポーツ・フィッシングに持ってこいなのだそうです。
うう...

さらに、日本の河川の多くは、国土開発工事によってアユが繁殖できない環境になってます。

だから、多くの河川が琵琶湖からアユの稚魚を毎年入れているのが現状です。

ところが今、この琵琶湖ではブラック・バスの被害が、アユにまで及んでいます。

日本の河川でどんなに、友釣りなどでアユを捕っても絶滅しないが、

ブラック・バスをこのままにしておいたら、アユは絶滅するかも知れません。

先日、小泉局長と秀沢局長がアユ釣りに行った川も、琵琶湖からアユの稚魚を入れています。

友釣りなどでアユを釣る人間と、

スポーツ・フィッシングとやらの楽しみのために外国の魚を日本に放して、生態系を破壊し、貴重な在来種の魚を追いやっている人のどちらが、環境破壊に荷担してるのでしょうか？

さらに、〝スポーツ・フィッシングは魚と人間のゲームだ〟と言いますが、
魚は、あんな遊びをしたいでしょうか？
な、何!?
偽のエサでだまして、針に引っかけ、さんざん引きずり回して、魚は力尽きて引き寄せられる。
一度、テレビの番組で見ましたが、放された後、魚は物陰に逃げ込んで動けません。
アゴやホオの深くに刺さった針による傷は、時には回復不可能な打撃を魚に与えるそうです。
どうして、これが動物愛護の精神に叶っているのですか？
人間は自分以外の命あるものを食べなければ、生きられない罪深い生き物です。俺はこれが、人間の〝原罪〟だと思う。
その〝原罪〟の悲しみを踏まえて考えれば、食べるために殺すのは仕方がないが、食べないのだったら命を玩具にするべきではないと思う。
20

食べる気もない魚を、針に引っかけ回して遊んで、引き味がいい、などと残酷な喜び方をして、最後に放すから動物愛護だなんて……

そんなの、人間だけの思い上がった自然観の表われです。

"外国のおせっかいを焼く前に日本のことを考えろ"と言いましたね？

小泉さん。

……

また、動物愛護とか、スポーツ・フィッシングとか、私は今まで安易に西洋風の一方的な見方をしていたようです。

おっしゃるとおりですよ。この琵琶湖の問題は、日本全体の抱えている問題が集約しています。

いや、どうも、それは……

21

生態系の問題、
釣りの問題、
もう一度
取り組み直します。
いい勉強に
なりました。
ホッ
じゃ、
結論は？
アユを
食べたい
ですな。
そうこな
くっちゃ！
さあ、
戻って
アユ料理大会
だ！
22
ううむ〜
山岡さん。
あなたの〝原罪〟は
普通の人より
だいぶ大きい
ようですな？
放っといて
もらいま
しょうか！

第4話
水対決〈1〉

今日は、帝都新聞の秀沢編集局長と私たちで、『究極のメニュー』と『至高のメニュー』の次の対決の打ち合わせをすることになりました。
LE NEZROUGE
それでは、対決の再開第2回目を早急に……
いいですな。これでまた、わが東西新聞社の名声が高まるというものです。
はて!? それは、逆でしょう。
『至高のメニュー』がまたまた勝って、帝都新聞社の評判が上がり、部数がまたまた増えることになる。
ふん! そちらの実力がどんなものか、もう、よくわかったからね。これからは手加減しないよ。
何をバカなこと言ってるの。手加減してたのはこっちだよ。

あまり一方的に勝ったんじゃおもしろくないから、海原先生に手を抜いていただいてたんだ。
これからは、本気になっていただくからね。
うぬ……
まあまあ、おふたりとも、紳士的にまいりましょう。
やれやれ……
先が思いやられるわ。
にぎやかねえ。
景気が戻ってきたのかね。
一軒、寄って行きましょう。
ま、軽く一杯。
ね。

Marry
CLUB
L·da
3F
Bar
ソーヴァズ
2F
CLUB
いらっしゃい。
三河さん、お久しぶり。
へえっ？これが銀座のクラブ……
ものすごく、高いって聞いてますけど…
こういう高級クラブになると、確かに勘定は高いなあ。
だから、会社の接待で飲んでる客が多いよね。
いらっしゃ〜〜い。
こちら、ママね。
よろしくお願いします。
お飲物は何にしましょう？
水割りでいいんじゃないの。

あ、俺、のどが渇いてるんで、先に、お水をいただけますか?
私にもください。
はい。お水ですね。
ママ。ここにいるのは、『究極のメニュー』と『至高のメニュー』の関係者なんだ。
山岡さんと、栗田さんが、『究極のメニュー』の作成担当者。
まあすごい!じゃヘンなもの出せないわね。
そう、おかしなつまみなんか出すなよ。
Ballantine's
VERY OLD SCOTCH WHISKY 17 YEARS OLD
ミネラル
!?
うえ

水割りの濃さは、どのくらいにしましょう?
その前に、そのミネラルウォーターください。
今もらった水、悪いけど水道の水なもんだから、くさくて……
私にも、お願いします。
その水も、水道の水よ。
え!? ミネラルウォーターのビンに入ってるのに?
だからイヤなのよ。何よ、『究極のメニュー』がどうしたってのよ!
ほんとに、イヤな人たちね!
地下鉄
SUBWAY
月島駅
驚いたわね……

ミネラルウォーターの空きビンに、水道の水を詰めて出すなんて……
それでちゃんと、ミネラルウォーターとしての料金を取るんでしょう？
あんな店ばかりじゃないと思うけどさ、あきれたね。
でも、水道の水との違いが、他のお客にはわからないのかしら？
わからないからあんなことやってられるんだろう。銀座の客なんてそんなものさ。
あ、「よろず屋」さん、まだ開いてる。明日の朝の卵、買っていきましょう。
YOROZU・YA
おや、今日は遅いね。
ちょっと、打ち合わせが長引いて……

何か買うの？
いや、見てごらんよ！
ミネラルウォーターが、こんなにある。
天然名水
ミネラル水
ナチュラルウォーター
八甲山の水
天然水
ovian
あら、本当。ずいぶん、いろいろな種類があるのね。
最近は、ミネラルウォーターがすっかり定着したね。水を買うなんて、私らの歳の人間には、考えられないことだよ。
これがまた、よく売れるんだよ。
水道の水は、臭くて飲めたもんじゃないからね。
ミネラルウォーターを買う気になるのも無理はないよ。
私たちだって、水道の水はそのままでは使えないから、浄水器を取りつけてるじゃない。
水道の水がひどすぎるのよ……

東西新聞社
今回の『究極のメニュー』と『至高のメニュー』の対決は、何が何でも勝たなければならん！
そのためには、こちらに有利な題材を選ぶ必要がある。
何を題材に選ぶか、決めただろうな？
え!? だってわれわれだけで勝手に決められるもんじゃないし……
バカもん！ そんな上品なこと言っていられるか！
『至高のメニュー』側と、よく相談して……
海原雄山のことだ。自信があるし、メンツがあるから、こちらでこの題材を、と言えば断れないはずだ。

性格悪いというか、ずるいというか、こわいですねえ。
うるさい!
ボコ
社主の人間に対する洞察力には、敬服するばかりです。
敵の性格を読んで的確な作戦を立てられるなど、宮本武蔵もおよばぬところです。
それが人生で成功する秘訣だよ。
早急に題材を決めるんだ。グズグズするんじゃないぞ!
わかりました。
まったく……社主も局長もいい気なもんだよ。早く、早く、とせかしちゃって……
ま、そう、言わずに頼むよ。
文化部

山岡さん、中松警部よ。
へい。こちら、警視総監。
もう。
え!? ちょっと、待って!
中松警部と歌子さんが、お昼を一緒にどうか、と言ってるんだけど……
……
これは、まずいな。
あら、歌子さんとお会いするの久しぶり! 私はいいわよ。
チン
まずいって?
警部は、いつになく真剣な声だったぞ。
歌子さんとうまくいってないんじゃないか?
婚約破棄、とか?
それなら、ふたりで一緒に来るわけないじゃないの!

11

いや、そうじゃない。歌子さんはイヤ気がさしている。

警部は、その歌子さんの気持ちをもとに戻すように、俺たちに説得してもらおうと思って連れてくる……

この野郎！そんなこと言ったのか！

そば次郎

そば次

12

ここらで結婚してもいいだろう、と歌子さんがその気になってくれたんだよ。

でへへ～～。歌子さんのお店もますます繁盛だし。

いよいよ、式の日取りが決まったの。

その反対なのよ。

まあ、おめでとう！

ふん……溶けかけのアイスクリームじゃあるまいし……どろどろだよ。
何とでも言ってくれ！
今なら、本官の前でどんな犯罪を犯しても、見逃してやる心境だぜ。
それで、おふたりにお願いがあるの。
あら、何かしら？
でへへへ〜〜〜。じつはわれわれの結婚披露宴の献立を作ってもらえないかと…
どうかしら、お願いできるかしら？
もちろんよ！私たちにできる限りのことはするわ。
でへへへ〜〜〜。うれしいねえ、『究極のメニュー』の披露宴というわけだな。
本官と歌子さんの門出を祝うのにふさわしいじゃねえか。
いちいち、〝でへへへ〟と言うのはやめろ！
おまちどうさま。
おう、来た来た！食べてくれ。最高のソバだよ。

お、いい香り！
この季節に、新ソバと変わらない香りが！
ここが、この店主のすごいところだ。
14
新ソバの香りをそのままもたせるために、収穫したソバの実を、
特別の倉庫で、低温で窒素を封入した容器に入れて貯蔵するんだそうだ。
BEBICON
そうすると、ソバの実の鮮度が保たれて、このいい香りが失せないんだよ。

作画協力／白鳥製粉株式会社

そして、打つ寸前に自分のところで製粉するってえわけだ。
へへえ。どれどれ、味を……
ズーッ
おほお！これはいい！
おソバ自体の味が、とても濃厚なのよ！
のみ込んだ後のこの甘い後味！
そして、鼻に抜けていくすがすがしい香りはどうだ！
へっへっへ。どうだ、驚いたか？山岡の旦那もこの店のことは知らなかったろう。
ひと月ほど前にこの店が開店したときに、偶然見つけ、
それ以来、秘密兵器として今日まで取っておいたってわけよ。
万一、披露宴の献立を作ってくれねえとぬかしたら、教えてやらなかったところよ。
何て奴だ！公僕だってこと忘れるなよ！
ズゥ

15

毎度どうも、中松さん。
お、こちら店主の羽田さんだ。
こちらは、東西新聞社の山岡の旦那と栗田さん。
このお店のこと、警部は私たちに隠してたんですよ。
でも、これを機会に、ちょくちょく来させてもらいます。
16
それは、ありがたいのですが、じつは……
チュル…
ん!?
じつは、この店、来週で閉めるんです。
な、何だとお!?
どうして!? 先月開店したばかりでしょ!

営業成績が悪いんですか?

なら、どうして店を閉めるんだ!?

とんでもない!幸いなことに、開業早々から大繁盛で……

誰か妨害でもする奴がいるのか!?

そういう奴は、本官がひっ捕らえてブタ箱にぶち込んでやる!

私、このソバに満足できないんです。

自分で満足できないのに、大勢お客様が来てくださる。

それが、耐えられなくなったんです。

ソバのこととなると、頭に血が上っちゃうね。

17

このソバで満足できないだと?

まあ!このソバのどこがいけないっていうの?

"水"です。

水がどうかしたんですか?

ソバを打つのも、茹でるのも、

そして茹であがったソバをさらすのにも、

いい水が必要です。

理想的には、清水か、地下水を使いたいのですが、

このあたり井戸水の水質がよくないので、営業用に使うのは禁止されています。

そこで仕方なく、水道の水を大型の浄水器に通して消毒の塩素を抜いて使ってるんですが……

やはりそれでは満足できないことが、このひと月でわかったんです。

18

だから仕上がったソバから、本来の柔らかい甘味が失せてしまいます。

ダメです。水に味がありません。まろみもないし、トゲトゲしています。

うむ……浄水器を使ってもダメかい？

まあ、これでも甘みが失せているんですか？
ソバの甘みは、もっと柔らかくて深いんです。
どんなに浄水しても、水道の水は荒れています。そばの繊細な味は殺されてしまうんです。
ふええ……難しいもんだなあ。
それで、どうするんですか？このお店を閉めて……
富山県に引っ越します。
とてもいい水の出るところを見つけたんです。
じゃ、このおソバを食べたければ、富山まで行かなければならないのね。
ぜひ、いらしてください。
ちきしょう〜水かあ……
東京の水は、そんなにダメなのか……

19

そうか……!
今度の『至高のメニュー』との対決の題材、見つけたぞ!
20
その題材って何なの?
羽田さん。富山におソバを食べに行きます。がんばってください!
ありがとうございます。お待ちしています。

新聞社
何だと!?
今度の『究極のメニュー』と『至高のメニュー』の対決の題材は、
水にしたいだと!?
水って、ただの〃水〃かね!?
21
そうです。ただの水です。
な、何と……

22

第4話 水対決〈2〉

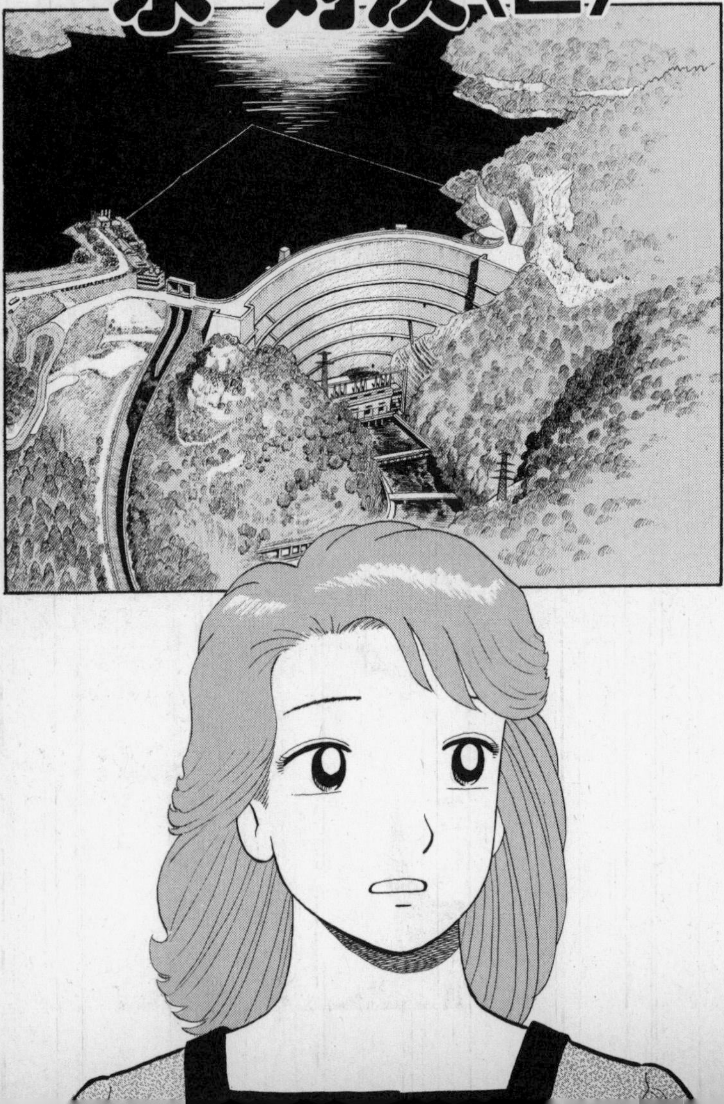

今度の『至高のメニュー』と『究極のメニュー』の対決の題材は、水にしようと言うのか?
美食倶楽部
東西新聞社のほうからの申し出なのです。
春風満堂
何やら、『究極のメニュー』側には、水に対して思い込みがあるようで……
しかし、水とはまた……
ふうむ……何を考えているのか知らぬが、向こうが水を題材にして勝負をしたい、と言うからには、こちらとしては断る理由がない。
よかろう。受けて立ってやろう。

その"水"を
題材にしたいと
言うからには
……

水は、
根元にして
究極。

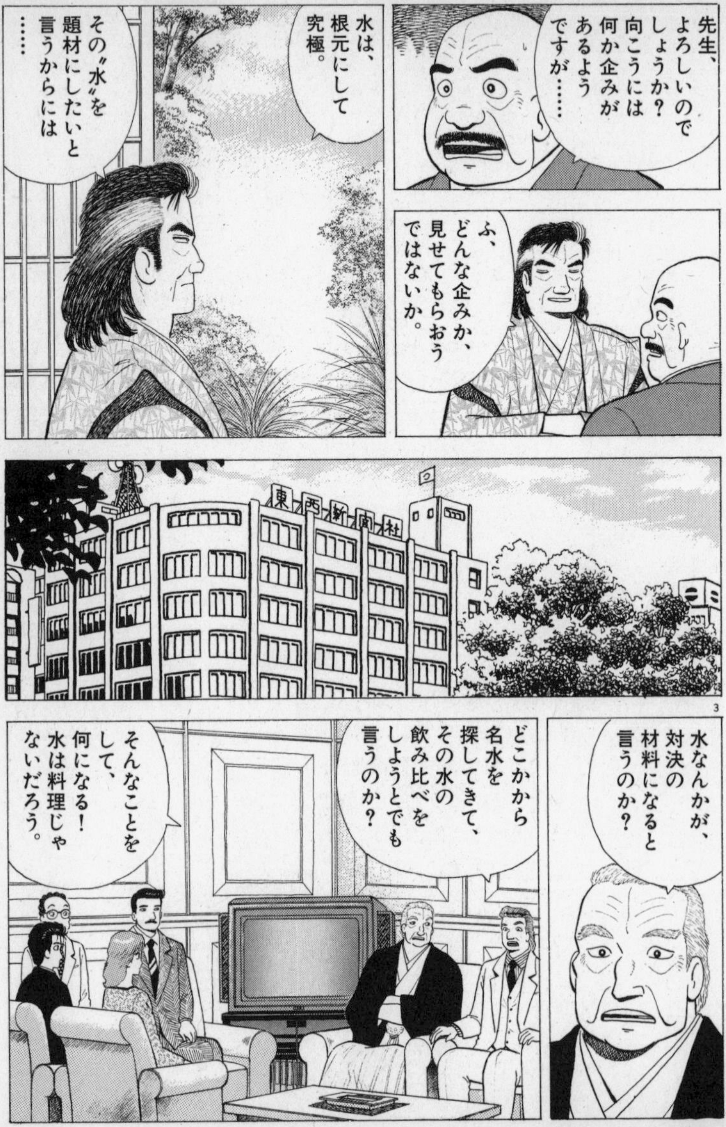

先生、
よろしいので
しょうか？
向こうには
何か企みが
あるよう
ですが……

ふ、
どんな企みか、
見せてもらおう
ではないか。

3

水なんかが、
対決の
材料になると
言うのか？

どこかから
名水を
探してきて、
その水の
飲み比べを
しようとでも
言うのか？

そんなことを
して、
何になる！
水は料理じゃ
ないだろう。

このふたりには、考えがあるようです。
私たち、最近、立て続けに水道の水のひどさを痛感する経験をしました。
水道の水は、病原菌などの問題を考えれば、安全ではあっても、
そのままでは、とてもまずくて飲めない状態になっています。
ちょっと待て！水道の水は、ほとんどの家庭でそのまま飲んでるはずだ。
水道の蛇口に浄水器を取りつけるのがはやってるようだが、そんなのは少数派だろう？
そのとおり。世界中で水道の水を安心して飲める国がいったいどれだけあると思ってるんだ。
日本でもミネラルウォーターを買う人間が増えていると聞いたが、
そんなの、日本人は外国のマネをするのが格好いいと思って買ってるんだよ。
おいしい水
丹波の水
清流水
水の流
天然水
局長は、今の水道の水で満足しておられるのですね？
ぜいたくを言ったって仕方がないよ。大多数の人間が満足してるだろう。

それが問題なんです。

大多数の人間が、今の水道の水のまずさに鈍感であることがね……

無礼者！
私を鈍感だと言うのか！

だっておかしいじゃないの。局長は、ワインの味がどうたらこうたらと、能書きをいつもおたれになってるのに……

ということは、あの能書きも、自分の舌で感じたんじゃなくて、どこかの評論家の受け売りだったのかな？

水道の水で満足してるだなんてさ。

大多数の人間が、水道の水のまずさに鈍感であることが、問題なのか？

その物質が体に危険なものであることを、体が感じとったということです。

はい。まずいと感じることは自分の体を守ることなのです。

きさま！

小泉くん、まあ待て。

なるほど！
まずいと
感じなかったら、
腐ったものも平気で
食べてしまって
食あたりするな。

水は
命のもと
です。

まずいと
感じることで、
自分の命を
守ることが
できるわけだ。

ぐむ……

それに鈍感であると
いうことは、
自分の体を守るという、
人間が本来
持っているはずの能力を
失ってしまっている
証拠ではないでしょうか？

水がまずい、
ということは、
何か体に悪いものが
入っている可能性が
あります。

そこで俺たちは
今回の対決の
題材として、
水を選ぼうと
思ったんです。

真の水の味を
知らしめる
料理で、
勝負しようと
いうわけです。

真の
水の味を
知らしめる
料理、か……

東京に限らず、
日本の都市の水道の
水はまずい。

そんな水で
料理をして、
美味しいのと
言っても、
基本から間違ってる。

わかった、やるが良い。これはなかなか意義のあることだ。
ありがとうございます。
ただし、その前にしてもらうことがある。
何でしょうか？
おまえたちは、水道の水がまずいと言う、確かにそうかも知れない。
だが、水道局の方々が、わざわざまずい水を作ってるはずがないではないか。
水道水の秘密?!
東京都水道局
東京都水道局
俺たちは、水道局の方たちに文句を言ってるわけじゃありませんよ。
俺は東京の水道の水源地をいくつか見たことがある。
どこの水源地の水も、そのままではとても飲めたものじゃない。
そんな水を衛生的に問題のない水道水に作り上げてる水道関係者の努力に対しては、心から敬意を表します。

作画資料／『東京の水道』、『水道水の秘密?!』（東京都水道局）

水道関係の方たちは、今の水道の水がまずいことが、悔しくてたまらないと思います。
美味しい水を作りたいのに、今の日本の環境がそれを不可能にしているからです。
うむ。そこで、だ。今の水道の水がどんな状況にあるのかを調べて来い。
そして、どうすれば水道の水が美味しくなるのか、答えをみつけるんだ。
え…
どうすれば美味しくなるか、と言われても……
水道の水の中身は、どうなってるんだ? おまえたち知ってるのか?
8
水道の水の中身も知らずに、ただ まずいと言うだけで、『至高のメニュー』との対決に勝てると思うのか?
そ、それは……
はあ、社主も意味のあることを言うことがあるんだな。
何だと!

まったく、とんでもないことを言う奴です。
社主だって、たまには意味のあることをおっしゃいますよね。
社主室
バカもーーーん！
文化部
確かに、社主のおっしゃるとおりだわ。
私たち水道の水がまずいと言うけれど、その状況が今、どうなっているのかよく知らないわ。
本当だね。どこに行けば調べられるのかな？
それなら、心当たりがある。いい方を紹介しよう。
その方は、水の環境についての権威だ。
ま！水の環境の権威!?
それは、願ってもないことだ。お願いします！

横浜国立大学
へぇぇ〜〜〜
立派なキャンパスだな。
俺の卒業した三流大学とは、だいぶ 違うな。
学生の顔が、いかにも、秀才っちゅう顔だよ。
ひがまない、ひがまない。
浦野教授
こちらは、環境安全工学研究室の浦野紘平先生だ。
どうぞ、よろしくお願いします。

10

取材協力／横浜国立大学・環境安全工学研究室　浦野紘平教授

こちらこそ。
で、今日は水のことをお知りになりたいとか？
はい。今の日本の水道はどうなっているのか、現状を知りたいのです。
われわれは、水道の水のまずさにはうんざりしているのですが、
その水自体の中身がどうなっているか、よく知らないんです。
だいたい、どうしてまずいのかも詳しくは知らないので、教えていただきたいのです。
なるほど……
水道の水の味を云々する前におたずねしますが、日本は水が豊かな国だと思いますか？
11
水だけは豊かだと思いますが……
あれだけ雨が降りますからね。台風なんかもあるし……
そうではありません。
日本は、決して水が豊かな国ではないんですよ。

1993年の統計ですが、日本の水道の総取水量は166・6億立方メートル。
その他5.5(3.3)
深井戸
23.4(14.0)
浅井戸
12.5(7.5)
6.5(3.9)
伏流水
湖水
2.1(1.3)
総取水量
166.6(100)
河川水(自流)
55.1(33.1)
ダム
61.5(36.9)
単位：億m3/年
( )内は構成比(%)
(平成5年度)
図1　日本の水道水の水源
その内訳ですが、河川とダムから70パーセント取水しています。
しかし、ダムの水ももとは川の水を集めたものです。川の水のもとは雨です。
では、日本の降雨量はどうかというと、
じつは、サウジアラビアの4分の1、イランの2分の1しかないんですよ。
12
何ですって!?
だって、サウジアラビアもイランも、砂漠だらけの国じゃないですか?
そんなバカな!

参考資料／『日本水環境学会シンポジウム　いま水環境は　講演資料集』（社団法人　日本水環境学会）

ははは、皆さん常識の罠にはまっていますね。
水筒1本の水があるとします。それをひとりで飲む分には十分でしょう。
しかし、それを百人で分けて飲まないといけないとしたらそれでも十分ですか?
あ!そうか、人口の問題だ!
そうです。サウジアラビアもイランも、総雨量は日本より少ないが、
人口が少ないから、ひとりあたりにすると日本より雨量は多くなるのです。
世界全体で言えば、年間ひとりあたりの雨量は、約3万4000ミリ。一方、日本は約6000ミリ…
ひとりあたりで言えば、日本は雨量が世界平均の5分の1以下なのです。
ううむ……ひとりあたりの雨量という考えは、頭になかったな。
でも、水は皆で分けるんだから、
ひとりあたりの雨量を考えるのは、当然だわ。

しかも、
降った雨のうち
洪水で流れて
しまうのが、
3分の1。

蒸発して、
大気中に戻って
しまうのが、
3分の1。

川や湖、沼、
地下水として
残るのは
たったの
3分の1です。

豊かでないから、
大都市圏は
毎年、夏になると、
断水だとか、
給水制限などの、
騒ぎが
起こるんです。

ずっと、
日本は水の
豊かな国だと
思っていました。

思いも
よらないこと
でした。

14

そのとおり
です。

わかりました。
水が豊かでない
ことが、
水の味に影響
するんですね。

重要なこと
なのです。

水道の水の
味について
考える前に、
日本は
水が豊かではない
国なのだという
事実を念頭に
おいてください。

一番、顕著なのはカルキ臭さですね。

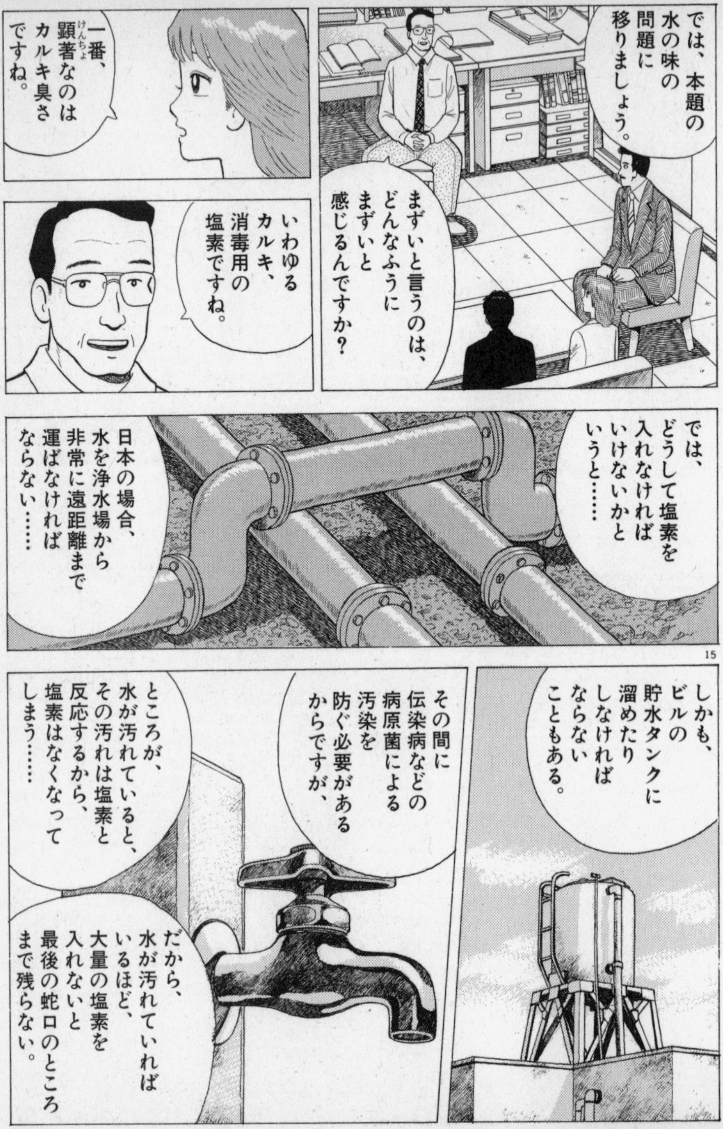

では、本題の水の味の問題に移りましょう。

まずいと言うのは、どんなふうにまずいと感じるんですか？

いわゆるカルキ、消毒用の塩素ですね。

では、どうして塩素を入れなければいけないかというと……

日本の場合、水を浄水場から非常に遠距離まで運ばなければならない……

15

しかも、ビルの貯水タンクに溜めたりしなければならないこともある。

その間に伝染病などの病原菌による汚染を防ぐ必要があるからですが、

だから、水が汚れているほど大量の塩素を入れないと最後の蛇口のところまで残らない。

ところが、水が汚れていると、その汚れは塩素と反応するから、塩素はなくなってしまう……

蛇口で塩素が残っていないと、日本では法律違反ですからね。
だから、どうしても塩素の添加量が増えるんです。
まあ!? 私は水道局で入れすぎてるから、カルキ臭いんだと思っていたわ！
へえ〜〜〜 蛇口までちゃんと残ってないと法律違反というんじゃ、どうしようもないな。
水道の水がまずい原因は、他にもあります。
水の中にアンモニアが入っていると、塩素と化合して刺激的な臭(にお)いを出す。それがまたいやな味の一因になります。
さらに、ダムなど水の溜まっているところには、藻(も)が生えてきます。
藻というのは、増殖するのに窒素(チッソ)やリンが必要です。

普通、きれいなダムだと、窒素やリンがあまりないから、藻の増殖はある程度のところでとまってしまう。
ところが、そこに家庭などからの排水が流れ込むと、
その汚水には窒素やリンがたくさん入っていますから、藻はどんどん増殖してしまいます。
そうか、藻にとってはそういう排水は、汚れじゃなくて栄養素なんですね。
そのとおりです。
中でも、アオコという緑色の海苔みたいな藻があるんですが、それが異常に繁殖することがあります。
そのアオコの出すかび臭さというのはひどいもので、水道の水を大変まずくします。
俺も経験したことがあるよ。
まずいうえに、かび臭いんじゃたまらないよ。
そのかび臭さは、取り除けないんですか?
かんたんには、できません。
消そうとすると、大変お金がかかることになる。

17

さらにそのうえに泥臭さとか、ドブ臭さとか、そういう臭みも引っかかってくるんです。

あぁ……

いろいろあるんですね。

ところで、まだまだたくさんお話しすることがありますが、

その前に、浄水場の話をしなければなりません。

浄水場というのは、基本的には水源がきれいであるという前提で作られているんですよ。

18

だから、川でも上流のほうのきれいな水を取って使おうという前提になっています。

きれいな水だから、飲み水に使おうと思うわけでしょう。

それはそうですな。

それでも雨が降ったりすると、川は濁るし、どうしても土砂とか藻なども入ってきます。
だからそういう濁りは沈殿させて、濾過して、消毒する。
要するに、浄水場の処理というのは、濁り分を取って消毒する。
それだけなんですね。
19
まず、取り入れた水の砂などを沈殿させ、
塩素を加えて鉄やマンガンを沈殿させ、
アンモニアを反応させる。
これを〝前塩素処理〟と言います。

次に、アルミニウム塩、早く言えば明礬の仲間ですがそれを加えてかき混ぜて粘土や藻などの浮遊物質を沈殿させて取り除く。
これを"凝集沈殿処理"と言います。
さらに、砂で残りの濁りを濾過する。
これを"急速濾過処理"と言います。
最後に、再び塩素を加える。
これを"後塩素処理"と言います。
2号ガス溜
これで処理は終わりです。後は配水するだけ。
一見、複雑なようだけど、確かに濁りを取って塩素を入れるだけですね。
昔はそれでよかったんです。
水質もよかったし、何より水の使用量が少なかった……

ところがどんどん水の使用量が増えてきて、上流で取水するだけでは足りなくなって、
最近はこんな下流のこんな汚い川から水を取っていいんだろうか、と思うようなところからも取っています。
そうなると、濁り分を取って消毒するというだけの処理では、対応できません。
しかし、現在は洗剤が流れ込む、農薬が流れ込む。先ほどのかびの臭みもありましたな。
そういうものはどうするんです？
そういうものは全部、水に溶けるから沈殿できないんですね。
沈殿しないと濾過もできない。それじゃいったいどうするんですか？
活性炭です。
オゾンを使う方法もありますが、活性炭を使うのが日本では主流です。
活性炭だと溶けているものも取れる。

まあ、よかった。
活性炭を大量に使って処理するのを〝高度処理〟と言うんですが、お金もけっこうかかりますし、何でも完全にとれるというわけにはいかないんです。
ま、しかし健康に心配はないでしょう? ちゃんと塩素で消毒するんだから……
そうですよね。少なくとも安全でしょう?
ところが、そうではない。
その消毒のための塩素が、じつは健康を害するもとになっているんです。
22
何ですって!?
そんなバカな!

第4話

水 対決〈3〉

消毒のために入れている塩素が、かえって害になっているなんて、どういうことなんですか？
そうか！トリハロメタンですね。
あ！
トリハロメタンのことは、聞いたことがあるけれど、それが塩素と関係があるんですか？
家庭などから水源に入ってきたそれ自体は毒性のない汚染物質が、塩素と反応して化合物をつくります。
その化合物が分解していってトリハロメタンができる。
そのトリハロメタンには、発ガン性があるんです。

消毒のために入れた塩素が発ガン性のある物質をつくるなんて！何てことだ！？

トリハロメタンができるのは、汚染物質があるからなんですね？

そうです。

しかし現実には依然としてトリハロメタンの心配はあるというわけか……

先ほどお話しした活性炭を使ったり、微生物に対して高度処理を使ったりする高度処理に対して、最近は国から補助金が出るなど、いい方向には進んでいます。

その高度処理を施せば汚染物質はかなり取れるはずなんですが……

3

これを見てください。厚生省は1992年に、水道水の水質基準を改定して、表1から表3までの基準を決めました。

表1は、『健康に関する基準』です。

病原菌、農薬、化学物質など、直接、健康に影響を与える物質についての基準。

表1 健康に関連する基準

項目	基準値	検査方法
/mℓ地中	検出されない	標準寒天培地法
		乳糖ブイヨン・ブリ・超BGLBブイヨン培地法
mg/ℓ以下		フレームレス・原子吸光光度法
	0.005	還元気化・原子吸光光度法
	0.05	水素化物発生・原子吸光光度法、フレームレス・原子吸光光度法
8 六価クロム	0.01	フレームレス・原子吸光光度法・ICP法
9 シアン	0.05	水素化物発生・原子吸光光度法、フレームレス・原子吸光光度法
10 硝酸性窒素及び亜硝酸性窒素	10	フレームレス・原子吸光光度法・ICP法
1 フッ素		吸光光度法
四塩化炭素	0.8	イオンクロマトグラフ法・吸光光度法
1,2-ジクロロエタン	0.002	イオンクロマトグラフ法・吸光光度法
1,1-ジクロロエチレン	0.004	PT-GC-MS法・吸光光度法
ジクロロメタン	0.02	PT-GC-MS法
シス-1,2-ジクロロエチレン	0.02	PT-GC-MS法・HS-GC-MS法・PT-GC法
トラクロロエチレン	0.04	PT-GC-MS法・HS-GC-MS法・PT-GC法
1,2-トリクロロエ	0.01	PT

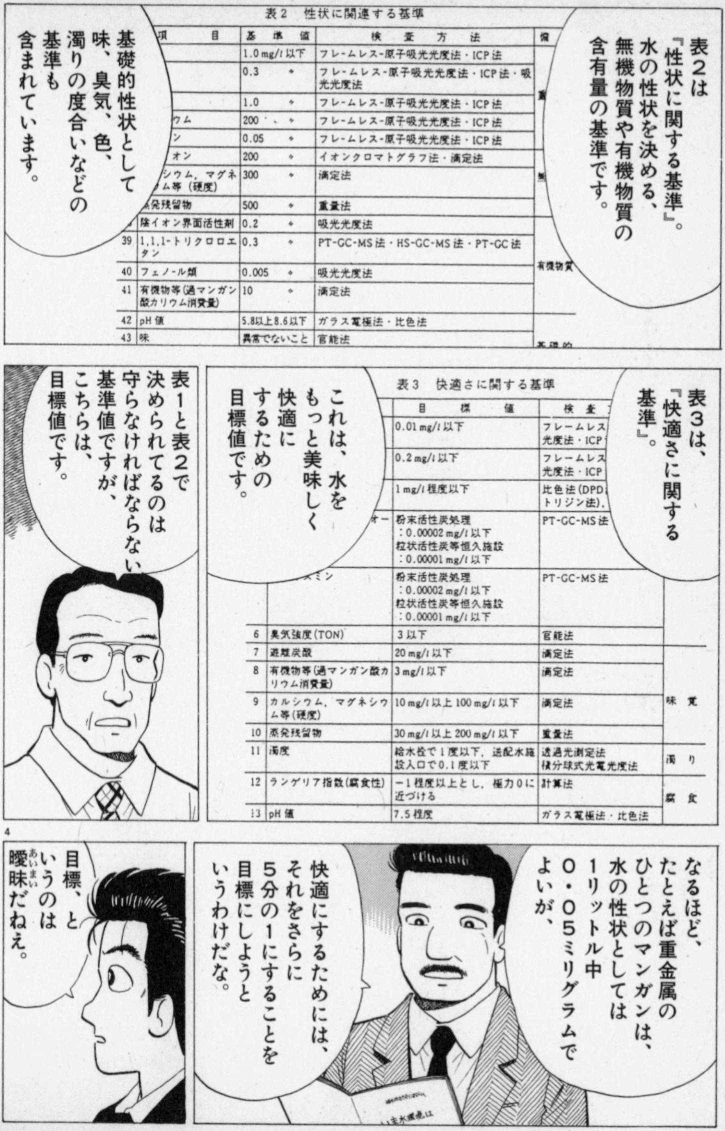

表2は『性状に関する基準』。水の性状を決める、無機物質や有機物質の含有量の基準です。

基礎的性状として味、臭気、色、濁りの度合いなどの基準も含まれています。

表2 性状に関連する基準

項目	基準値	検査方法	備考
	1.0 mg/l 以下	フレームレス-原子吸光光度法・ICP法	無機質
	0.3 〃	フレームレス-原子吸光光度法・吸光光度法	
	1.0 〃	フレームレス-原子吸光光度法・ICP法	
ウム	200 〃	フレームレス-原子吸光光度法・ICP法	
ン	0.05 〃	フレームレス-原子吸光光度法・ICP法	
オン	200 〃	イオンクロマトグラフ法・滴定法	
シウム、マグネシウム等（硬度）	300 〃	滴定法	
発残留物	500 〃	重量法	
除イオン界面活性剤	0.2 〃	吸光光度法	
39	1,1,1-トリクロロエタン	0.3 〃	PT-GC-MS法・HS-GC-MS法・PT-GC法	有機物質
40	フェノール類	0.005 〃	吸光光度法	
41	有機物等（過マンガン酸カリウム消費量）	10 〃	滴定法	
42	pH値	5.8以上8.6以下	ガラス電極法・比色法	基礎的
43	味	異常でないこと	官能法	

表1と表2で決められてるのは守らなければならない基準値ですが、こちらは、目標値です。

これは、水をもっと美味しく快適にするための目標値です。

表3は、『快適さに関する基準』。

表3 快適さに関する基準

番号	項目	目標値	検査方法	備考
		0.01 mg/l 以下	フレームレス...光度法・ICP	
		0.2 mg/l 以下	フレームレス...光度法・ICP	
		1 mg/l 程度以下	比色法（DPD...トリジン法）	
	ー	粉末活性炭処理：0.00002 mg/l 以下 粒状活性炭等恒久施設：0.00001 mg/l 以下	PT-GC-MS法	
	ミン	粉末活性炭処理：0.00002 mg/l 以下 粒状活性炭等恒久施設：0.00001 mg/l 以下	PT-GC-MS法	
6	臭気強度（TON）	3 以下	官能法	
7	遊離炭酸	20 mg/l 以下	滴定法	
8	有機物等（過マンガン酸カリウム消費量）	3 mg/l 以下	滴定法	
9	カルシウム、マグネシウム等（硬度）	10 mg/l 以上 100 mg/l 以下	滴定法	味覚
10	蒸発残留物	30 mg/l 以上 200 mg/l 以下	重量法	
11	濁度	給水栓で1度以下、送配水施設入口で0.1度以下	透過光測定法 積分球式光電光度法	濁り
12	ランゲリア指数（腐食性）	-1程度以上とし、極力0に近づける	計算法	腐食
13	pH値	7.5程度	ガラス電極法・比色法	

目標、というのは曖昧だねぇ。

なるほど、たとえば重金属のひとつのマンガンは、水の性状としては1リットル中0・05ミリグラムでよいが、

快適にするためには、それをさらに5分の1にすることを目標にしようというわけだな。

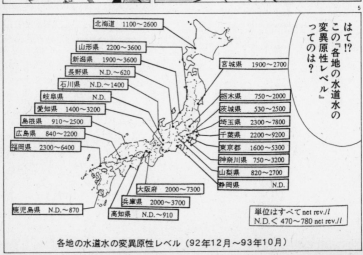

各地の水道水の変異原性レベル（92年12月～93年10月）

現在の水道の水に過剰な不安を持つ必要はないと言いましたが……
以前は、塩素を加えることでトリハロメタンのような有害物質ができることもわかっていませんでしたし、
今でも、測定されていない有害物質が、水道水の中に入っているのではないかという不安が残ってしまいます。
そこで私たちは新しい方法をとりました。
普通の状態では増殖できないが、突然変異を起こすと増殖できるようにした細菌を使うのです。
へえ〜細菌をですか？
その細菌に、水道水の中から集めた汚染物質を与えてみます。
それで、その細菌が増殖すれば、その水道水の中に細菌に突然変異を起こす物質が含まれていることがわかります。
水道水
原水
この図の中に書かれている数字は、1リットルの水から集めた汚染物質を与えることによって突然変異を起こした細菌の数です。
長野県 N.D.〜620
石川県 N.D.〜1400
宮城県
大阪府 2000〜7300
兵庫県 2000〜3700

それじゃこの数字が大きいほど、その水は突然変異を起こす物質を多く含んでいるということですね。

どれどれ……日本の平均が1000弱ぐらいか……

高いほうの数字を見ると…

東京は5300、大阪は7300！

ひゃあ〜千葉は9200もあるぞ！

人口の多いところが、やはり悪いですね。

このN.D.というのは？

岐阜県もいいね。石川、長野、高知、鹿児島もいい。やはり、人の集中している都会がダメなんだな。

何とかならないのかしら？

わ、それじゃ静岡はいいんですね？

検出しなかった、ということです。

栃木県	7
茨城県	5
埼玉県	23
千葉県	220
東京都	160
神奈川県	750
山梨県	820〜2
静岡県	N.D.

7

静岡は、地下水を使っているんです。その地下水がいいんです。

ううむ……浄水器を使うとか、市販のビン入りの水を買うとかしかないか……
浄水器は、どれも活性炭と濾過装置の組み合わせでできています。
活性炭だけのものもあります。
活性炭ではカルキ臭さが取れますが、すべての有害物質が取れるわけではありません。
濾過では、サビや細菌は取れますが、水に溶けているものは取れません。
では、市販の水がいいかと言うと……消毒薬が入っていないので細菌が入っていたりすると増殖する。
第一、水道の水の数百倍の値段がします。とても、毎日大量に使うわけにはいかないでしょう？
自然の水
清流水
富士山水
Water
ミネラルウォーター
山の
そうですよね。ビン入りの水に不純物が入ってる事故も、何件かありましたね。
となると、いったいどうすればいいんだ……

8

何ですか、それは？

え!? 本当ですか？

大丈夫！かんたんに、安全な水を手に入れる方法がありますよ。

沸かした水を冷やして、ビンに詰めれば自家製の水のビン詰めができるわけです。

水道水を沸騰させるんです。するとカルキ臭もなくなり、トリハロメタンも揮発しますし、突然変異物質も分解してしまいます。

ただし、お湯が沸いて、すぐ火を止めちゃダメですよ！というのは水の中のトリハロメタンの量は、沸騰し始めた時点で一番大きくなるんです。

そのまま弱火で、5分間沸騰させ続けるとトリハロメタンは全部飛んでいってしまいます。

何と!?

沸騰させるだけでいいの!?

9

やかんからして、トリハロメタンが外に出やすいような形のものを選ばないと……

うむ……ガス代がもったいないからお湯は沸いたらすぐ止める癖がついてるけれど、

考え直さないといけないな。

合併浄化槽や下水道を普及させる。汚水の処理を完全にする。

農薬を減らす。

そのためには汚いものを捨てないことです。

しかし、基本的には水源をきれいにしなければどうしようもないのです。

特に、ゴルフ場の農薬は問題です。

ゴルフ場は、あの広い芝生を保つために大量の農薬を撒(ま)く。それが水源に入ってしまう。

ゴルフ場ですか!?それは盲点だったわ。

10

ゴルフ場は、水源の近くにあることが多いからね。
これは真剣に考えなければならないことだな。
それから、水のムダ使いをしないことです。2割とか3割使用量を減らす。
そうか！使う量を減らせば水の汚い部分を使わずにすむんだ！
これも、盲点だったわ！水の使いすぎが、汚い水までも使わなければならない事態に追い込んでいるのね！
節水は、自分たちの身を守るために必要なことなんだ！
そして、一番大事なことは、水質保全だということです。
水辺の生物を保全すれば、自然に水質も保全されるんです。
私は一度、かみついたことがあるんです。だいぶ前に厚生省がゴルフ場で使ういろいろな農薬の濃度に関して、暫定指針値を出したんですが……
その値では、魚の50パーセント以上が死んでしまう農薬がいくつかあった。

11

え!?
魚の50
パーセント
以上が死んでしまう
濃度でも、
人間には害が
ないんですか?

だからね。
人間だけが
生き残れれば
いいものではない
だろうと、
私は言ったんです。

森林がなかったら、
雨は鉄砲水になって
流れていってしまって
地下水もたまらない。

森林の保全も、
水質の保全には
重要なことです。

われわれは、
魚の住めない
ような水を
飲まされてる
のか!?

その場は
生き残れても、
長い間には
人間にだって害が
あるに決まってる。

われわれは
環境問題で、
次の世代にツケを
回しているのです。

一度、木を
切ってしまえば、
100年は、
同じ状態には
戻りません。

美味しい水を
取り戻そうと
思ったら、

環境保全に
取り組むしか
ないという
ことですね……

水だけ
きれいにしろ、
と言っても
ムリな話
なんですね。

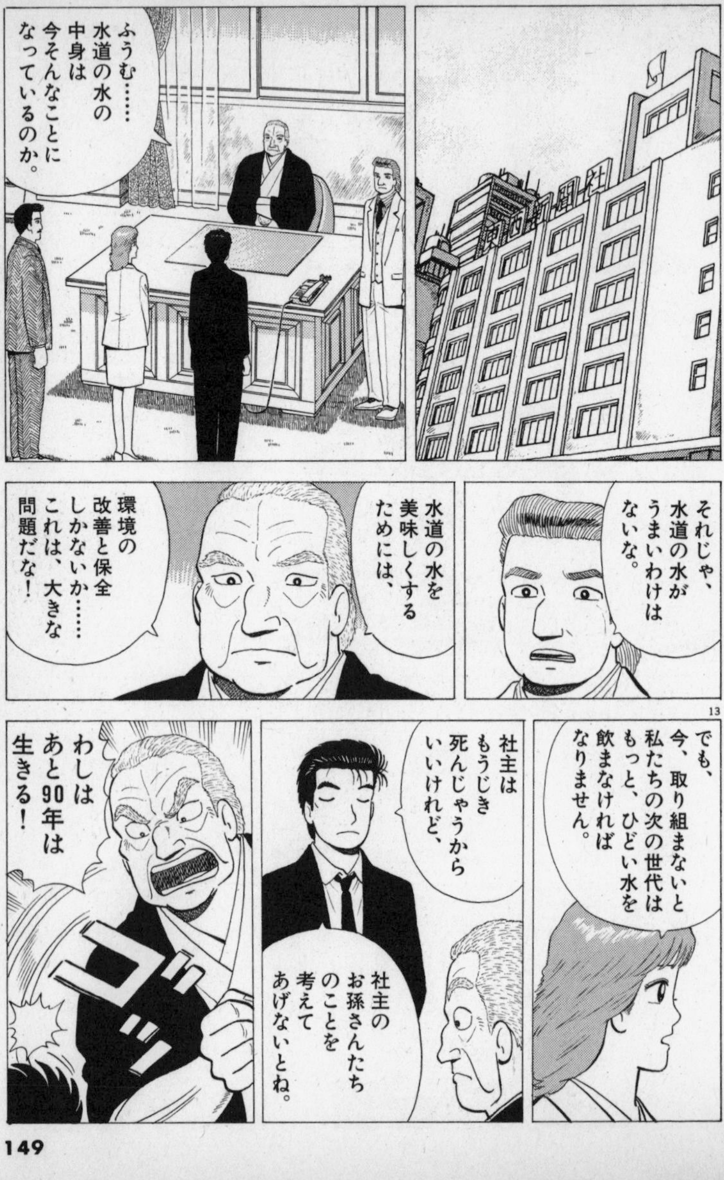

ふうむ……水道の水の中身は今そんなことになっているのか。

環境の改善と保全しかないか……これは、大きな問題だな！

水道の水を美味しくするためには、

それじゃ、水道の水がうまいわけはないな。

でも、今、取り組まないと私たちの次の世代はもっと、ひどい水を飲まなければなりません。

わしはあと90年は生きる！

社主はもうじき死んじゃうからいいけれど、

社主のお孫さんたちのことを考えてあげないとね。

で、どうなんだ？
『至高のメニュー』との
対決の
準備はできてるん
だろうな？

今回は、こちらから
水で勝負しようと
提案したんだ。
きれいに勝って
もらわんとな。

もちろんです。
圧倒的、
大勝利です。

ま、今度の
水対決の大勝利で
今までのことは
水に流してもらう
ことにしましょう。

シャレを
言ってる
場合か！

確かなんだ
ろうな？
今まで、
そのせりふに
何度だまされて
きたことか。

いったい
どんな料理で
勝つつもりなんだ？
見せてみろ。

本当に、
勝てるものかどうか、
われわれを納得
させてもらおう
じゃないか！

14

わかりましたよ。
今回は特別だ！

勝負の前に、
こっちの料理を
試食して
いただきましょう。

何でこんな山奥まで、来なけりゃならんのだ。

ふうはあ

ひいはあ

15

自分たちが今度の料理を勝負の前に試食したいと言ったんでしょ？

文句を言わないの！

こんな山奥に、何があると言うんだ？

山登りするとは、聞いてないぞ！
ええい！わがままな老人だ。この裏の爺捨て山に捨てて帰ろう。
ひい はぁ
いや、美しいな。まさに日本の風景だ。
心が洗われる思いがします。
ね、いいところでしょう？
『究極のメニュー』はどうなった？

16

こんなきれいな景色を前にして食い物のことが忘れられないなんて……
食い意地のはった爺さんだ。
何のためにここまで来たと思ってるんだ!
ま、こちらにどうぞ。

おお、何と美しい。

清水がわき出て、その水がきれいな流れを作って……

そうです。良い水がまず絶対に必要な条件ですから……

そうか。水勝負に使える水を、まず見つけたということだな？

はて!?料理のしたくはどこにできているんだ？何も見あたらんが……

で、この水で、どんな料理を作ると言うんだ。

もう、用意はできてます。
どこにだ!?
ま、ここにお座りください。
ほう……流れ際に毛氈を敷くとは、風流な……
演出としては悪くないが、肝心の料理は……
お、来たか!

ほう!?
最初に
ご飯か……
飯が
最初に
来るとは、
変わって
いますな。
はて!?
しかし、
このご飯は
冷たいよう
ですが……
本当だ。
冷や飯じゃ
ないか。
おい、山岡！
いきなり、
冷や飯を
出して
どうする？

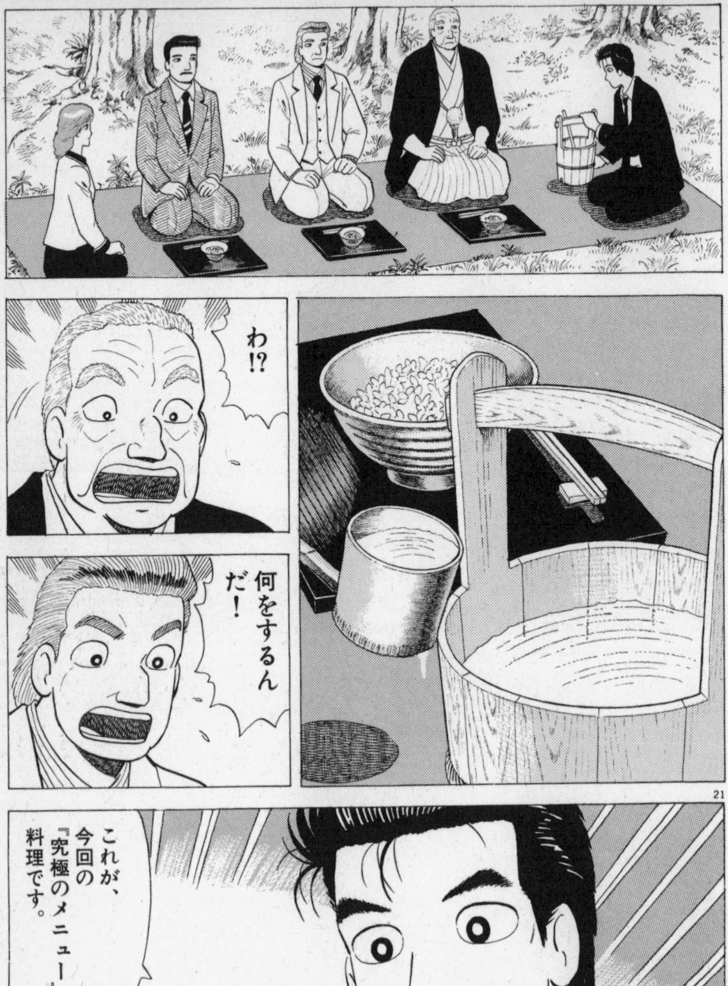

わ!?
何をするんだ!
これが、今回の『究極のメニュー』の料理です。

21

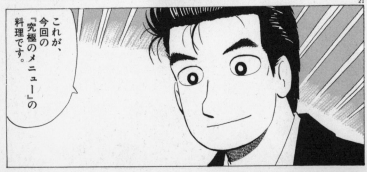

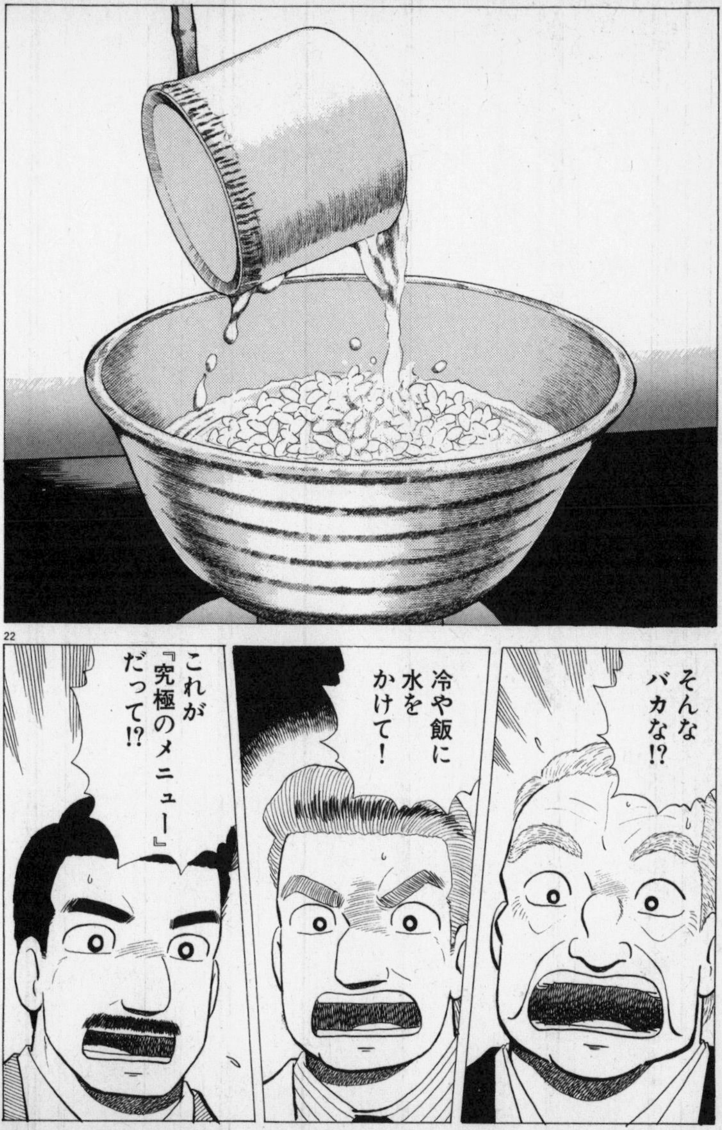

そんなバカな!?
冷や飯に水をかけて!
これが『究極のメニュー』だって!?

22

第4話
水 対決〈4〉

冷や飯に水をかけるなんて……

山岡くん、これは冗談なんだよなぁ～？

われわれをちょっとからかって、それで本当の『究極のメニュー』の料理を出そうってんだよなあ？

2

何で、こんなものが『究極のメニュー』なんだ！

ききさま、わしらをなめとんのか！

へ！？とんでもない。これが本当の……

え!?

うむ。これはすばらしいな。

炊き方も完璧で、その上炊いた後ちゃんとお櫃に入れておいたんだな。

まず、米が良い。それを十分に研いである。

3

その すべてが完璧だから、冷えてもばさばさにならず、

おお、なるほど！

これは、うまい飯じゃないか！

しっとり滑らかな触感を保っているんだ。

そして、この飯を冷やしたのがミソだね！
ご飯は熱いと匂いが強い。その匂いは思いのほかくどくて、上品なものとは言いがたい。
そのとおりです。
日本人は米の飯に信仰のような思い込みを持っていて、炊きたてのご飯があれば何もいらないなどと言う人は多い。
でも、冷静に匂いを嗅いでみると、もし他のモノについていたとしたら、悪臭とも思われるものです。
ううむ。そうかねえ……
確かに、外国人は、日本の炊きたてのご飯の匂いを不快だと言う人が少なくないようですな。
ま、とにかく炊きたてのご飯の匂いが強いことはわかるよ、
冷や飯にしたのは、その匂いを抑えるためだと言うんだな。
そうです。匂いに邪魔されずに米の味をよく味わえるようにするのが目的です。
冷や飯のほうが口に入れたときに甘味を強く感じるはずです。

ははあ…冷や飯はバカにするもんじゃないな。

炊きたてのご飯のくどい風味が抜けて、米の持ついろいろな旨味がよくわかるんです。

甘味だけじゃなく、他の味の要素もはっきりするようです。

うむ。ほんとだ甘いよ。

いくら、良い水と言ったって、ただの水なんだろう。

うむ。確かに…

その冷や飯に水をかけると、ご飯の甘味、旨味がさらによく出てくる。

ただの水なのに不思議です。

水は、かなりのものをその中によく溶かし出す性質を持ってます。

不思議でもなんでもありません。

調味料でもないただの水なのに、どうして旨味や甘味が増したように感じるのかね。

ご飯の甘味、旨味も水の中に溶け出す。水がご飯の旨味と甘味で良い味になる。
それで旨味や甘味が増した感じになるんですよ。
ははあ〜そうか。水の中にご飯の旨味が溶け出すから、それで旨味が増したように感じるのか。
水の力だな。
そういうことがわかるのは、ここの水がじつにきれいで美味しい水だからでしょうね。
これが東京の水道水では、とてもかなわぬことです。
これが『究極のメニュー』に入れることのできる料理だということ、おわかりいただけたでしょうか?

いや、まいった。まさに日本人でなくてはわからない究極の純粋さの味わいだよ。
日本人が米に対して抱く愛情と愛着、その究極の姿がここに表われている。これは、まさに『究極のメニュー』にふさわしいな！
今回の対決の題材に水を選んだ、おまえたちの本当の意図がわかった。
こういう米、こういう水を手に入れるのが現在の日本ではどんなに難しいか。
日本が抱えている環境問題について深く考えさせられるよ。
これなら審査員の先生方も納得してくださるだろう。
よかった。わかっていただけて……
ホッ
じゃいいんですね、これで。
いや、この料理ではダメだ！

局次長！

えぇ!?

と言うのは、私はこれを食べたことがあるからです。

君も今、この料理に感心していたじゃないか？

おいおい、谷村くん。それはどういうことだ。

え!?
これを？

8

先日のこと。私は京極さんに日本画家の寛蔵星洪先生を紹介するよう頼まれて、

先生を京極さんの東京の家におつれしたんです……

いつ、どこでですか？

いや、今日は谷村さんのおかげで、こうして寛蔵先生にお会いできてほんまに幸せです。
お会いできるだけやなしに、先生から絵を一枚いただける お約束までいただきまして、何と言うてよいやら…
谷村さん。ほんまにお礼申しあげます。
9
何をおっしゃいますか。いつも京極さんにはうちの山岡と栗田がお世話になっているじゃありませんか？
それに比べれば、こんなことお安いことです。

今日は寛蔵先生と谷村さんに食べていただこうと思うて、用意したものがありまして……
ほう？何か特別なお料理ですね。
はて!?どうやらこのご飯は冷たいようですが……
さよう。タネも仕掛けもないただの冷や飯です。
え!?

10

さあ、召しあがれ！
召しあがれとおっしゃいますが…冷や飯に水をかけたものを…それだけをですか？
そうです。冷や飯に水。
これこそ美味の極致。
私も最初出されたときには驚きました。まさかと思いましたわ。
しかし、この料理を私に食べさせてくれはったお人がお人やから、疑うたりはせんかったけどな。
誰やと思います？
はて!? 私の知っている方ですか？
どなただろう……京極さんに食べ物のことを教えたりできる人間というと…
それは、もしかすると……
そう、そのとおり。
海原さんや！

雄山が!?

まあ!?
京極さんが
これと同じ
料理を
海原さんから
教わった!

海原雄山は
とっくに
この料理の
ことを知って
いたんだ!

ああ……
それはダメだ。

『究極のメニュー』の
中に入れるのは
賛成です。
しかし今度の対決に
この料理を
出すのは……

この料理自体が
すばらしいことは、
今われわれが
体験したとおり
です。

あるいは
もっと率直に、
この料理は
海原雄山の料理の
盗作ではないか、
などと言うかも
知れませんな。

京極さんが
海原雄山に教わった
料理を
こちらが出したら、
以前、同じものを
海原雄山にご馳走に
なったと言うだろう。

京極さんは
審査員の一人、
しかも率直な
人格の方だ。

盗作なんかしませんよ!
まあまあ……しかし同じ料理が出てきたら京極さんの人となりからして、そのことを黙ったままということはないだろう。
そうした場合、他の審査員の方がどう反応するかだ。
やめたほうがいいわ、この料理は……
昔、読んだ本の中にある禅宗の僧侶の話があった。
その僧侶は、冷や飯に水をかけて食べるのが一番うまいと言って食べていたと書かれていた。
俺はそれを自分で試してみた。そしてこの味にたどりついたんだ。
13
そうか…海原雄山も同じ本を読んだのかも知れんな。
向こうのほうが一歩早かったというわけだ。
うう……

そういうわけだ。山岡、栗田くん、別の料理を考えることだ。
はい…
元気を出して。
他に考えられないというわけじゃないでしょう？時間だってまだあるし……
だけど、あの料理は自信があったんだ。
それを雄山の奴が先に作っていたなんて……
ふふ。
何だよ。その、ふふってのは？
やっぱり、親子だなって思って……

山岡さん
あの料理、
禅宗の僧侶の本
読んで
思いついたって
言ったでしょ。
ひょっとして、
海原さんの
持っていた本を
読んだんじゃない?
まだ家に
いるときに……
え!?
きっとそうよ。
そして同じことを
しようと考えた。
血は水より
濃いって言うけど
ほんとね。
うぐぐ
そんなによく似た
ふたりなんだから、
喧嘩することなんか
何もないのよ!
仲直りしたら、
今度は逆に
すごく仲良く
なるでしょうね。
うるさい!
俺は
あの男なんかと
似てない!
はい、はい。
それじゃ〜
海原さんに
似てないところで、
今度は海原さんが
想像もつかない
料理を
考えましょうね。
ぐむ〜〜〜!

東西新聞社
そうか……それは困ったな。
海原雄山が同じものを作って京極さんにご馳走してたなんて……
じゃ、何とか他のものを考えなくちゃね。
大丈夫！山岡さんのことだから何とかなるわ。
それが、ぜんぜん何ともならないんだよ……
水を題材にどうだろうかと考えついたときにさ、自然とあの冷や飯と水の料理が頭に浮かんできて、それが自信あったから勝負できると思ったんだ。

16

だからあの料理がダメとなると、他に水を題材にした料理なんか考えようがないんだ。
まあ!?
その料理一本でも勝てると思ったのね。
うむむ、他に考えようがないなんて本当に困ったねえ?
まいった…水で勝負なんて言わなきゃよかった。
ゴン
今から、題材変更を申し入れようか?
そうはいかないわよ。向こうは受けて立つと言ったんだから…
海原雄山は何を出してくるのかしら?
十分、可能性はあるな。そうしたらどうなる。
向こうの勝ちになるだろうな。
その冷や飯と水を出してくるかも知れない。
そうね。あの料理は衝撃的ですもの。

おおい、
落ち込むなよ。
何とかなる
だろう。

そうだ。
あの男なら
何かいい考えが
出てくるかも
知れない。

そうよ、
頼みましょう。

岡星さんに
力を借りま
しょうか？

何とか
しろよぉ！

何とか
しろと
言っても
なぁ……

18

うん。
岡星さんなら
何か考えて
くれるかも
知れないな……

お電話をいただいてから、一生懸命考えてみました。
水については、私自身も以前から考えていた問題なのです。
ザリ
今、まともな料理人なら水のことを考えないわけはありません。
うちも、浄水器を使ってますが…
確かに天然の清水や地下水のようにはいきません。
本当に良い水が欲しい。
これは、料理人にとって切実な願いなんです。

19

で、いちおう私なりの解答を作ってみました。
え!?
だってこれ刺身じゃないの、スズキだろう。
どうして、これが水と関係があるんですか？
20
スズキも魚だから水と関係あると言うことか…
魚心あれば水心ありってね！
わはは！
？

副部長、
面白いですよ。

冗談を言う
余裕があって
さすがは
管理職ですね。

いや、
あの
その……

これが
水です。

丹沢まで
汲みに行って
来ましたよ。
十分冷たく
冷やして
あります。

21

わかりま
せんか？

鉢の中の
水と
スズキの
お刺身……

この水を
どうするの？

十分冷やした
丹沢の水ってのは
確かに
うまそうだけど、

これが何か……
いったい何だってえの？
あ、もしかして！
ああ！そうか！
さすがは山岡さんと栗田さん、おわかりになったようですね。

第4話

水 対決〈5〉

やっぱり岡星さんだよね、いい料理を考えてくれたよ。
Ballantines
1827
あれは、水と日本料理の深い関係をついていて、なかなかのものだよね。
そうね。
どうしたんだよ？何だか気のない返事だな。
ううん……ちょっとね……

ちょっと何だっての?
あのスズキのお料理で、十分かしら?
え?
何かもうひとつ、鮮烈なものが欲しい感じがするのよ。
冷や飯に水は、すでに京極さんがご存じということで、今回の対決に出せなくなったけど、それ自体は、鮮やかで衝撃的だったわ。
そういう衝撃的な訴求力が、もうひとつ欲しいのよ。
ううむ。衝撃的な訴求力か……
しかし、考えてみろよ。
京極さんの話からすると、雄山は、冷や飯と水の取り合わせのようなものを出すと考えられる。

たとえば冷や飯と水を出してきた場合、それに対抗するには、
それよりもうひとつ、旨味を加えるしかない。
旨味の成分を増すことで、鮮烈さに対抗しようということね。
そうだ。そうすると、今回のスズキの料理が一番いいと思う。
そうかもね……
でも、何だか心配……
むむ……
HOTEL

今回の、『究極のメニュー』と『至高のメニュー』の対決の題材は、水です。
いったい水でどんな勝負ができるのか？非常に興味津々というところです。
まったく、〝水〟とは、思いも寄らぬ題材ですな。
一見単純に見えるが、これは難しいで。
どんな料理が出てくるかわからんが、太る心配だけはないじゃろうて。

山岡と栗田くんは、冷や飯と水がダメとなって、他に何か考えついたんだろうか？
水を使った料理で、しかも『至高のメニュー』に勝てるだけのもの、となると……
これはなかなかかんたんには……
それでは、『究極のメニュー』から、発表していただきましょう！
水は、人間にとって根元的なものです。
にもかかわらず、現在の日本では環境破壊が進んだ結果、その水の質が非常に劣化しています。

私たちの
『究極のメニュー』
作成の目的は、
現在の日本の
食文化の粋を極めて、
それを後世に
文化遺産として
残すことです。

しかし、
今の日本の
水の問題を
そのままに
しておいては、
その『究極のメニュー』を
後世に残しても、
空しいことです。

それが今回の
『究極のメニュー』
側の
方針です。

そこで私たちは、
本当にすばらしい
水の持つ味を極めて、
それを
『究極のメニュー』に
取り入れて残す
ことにしました。

その味を
保つことを
目標として
設定すれば、
環境保全を
進めていく
ことができる。

なるほど！
水の味を
環境保全の
目標とする、
というのは、
わかりやすい
ですな。

では、
われわれの
料理を、
味わって
いただきます。

科学的な
数値で
設定するより、
人間の情に
訴えるから、
より効果的
でしょう。

はて？刺身と……
これは、水？
この水は何じゃい？
刺身を、どうせいっちゅうんや？
これは、スズキです。
このスズキの薄切りを、箸で取って……

ボールの中の、水に入れます。
何と！
これは、意外な！
この水は、丹沢山中から汲んできたわき水です。
それを、きりきりによく冷やしてあります。
その水の中で、スズキの身をよく ゆすいでください。
9
すると、ほら、このとおり。身がはじけました。
そうか！これは〝洗い〟やないか！
卓上で、自分たちで、スズキの洗いを作れ、というわけか。
そのための水だったんだな。

おほ！身はしゃっきりと、ええ歯ごたえで、
そのうえこの味が、何とも純粋そのものやないか！
洗いにすると、水っぽくなって、せっかくの魚のうまさが抜けてしまうことがあるが、
抜けるどころか、何やら魚だけでは味わえない味が、加わったような感じがするぞ。
加わったのは、水の味だ！
水がうまいんだ！
洗いって、こんなに美味しいものだったのか！
魚の身を水につけると、身の細胞が水を吸って膨張する。
それで身がはじけたようになり、しゃっきりした歯ごたえになる。それが洗いの原理です。
要するに、洗いのうまさは、魚の身が吸い込んだ水のうまさなのです。

洗いにすることで歯ごたえがよくなるだけでなく、魚の身の余計な脂っぽさ、生臭さを消して、清澄な味わいを得ることができる。

ところが最近、そこらの料理屋ででてくる洗いときたら、水っぽいだけで味がないどころか、刺身のままより、確実にまずくなっている。

そのとおりだ。

最近、滅多なことでは、うまい洗いにお目にかかることがなくなったのは、そういうことやったんやな。

まずい水を身に吸い込ませれば、まずくなるのは当たり前のことでしょう。

その原因は、水です。

それは、水が悪かったからだったんだ。

水が悪かったせいで、洗いの本当の味を知らなかったのだ。

私は今まで、洗いを本心から美味しいと思ったことはなかった。

どうして、わざわざ水っぽく水にするのか、不思議に思っていた……。

水で洗いの味がこれほど決定的に違うとは、目からウロコが落ちた思いだよ。

東京の水道の水を使ったのでは、こういう本物の味の洗いは作れません。
また東京の多くの地点の地下水は、工業廃水などで汚染されていて、
飲用に不適当で、当然、調理には使えません。
この東京の環境を改善しない限り、この洗いの味は戻ってこないのです。
このスズキの洗いを『究極のメニュー』に残すのは、
この味を目標水準として、これから先、環境改善の努力をしてもらいたい、と思うからです。
なるほど！このスズキの洗いの主役は、スズキでなく、この水なのですな。
この洗いのおかげで、水が美味しい料理を作るのにどんなに大切なものか、今さらながら思い知らされました。
これは、非常に価値のある料理です。

12

おお！審査員の方たちの反応がいいぞ!!
このままいけば、大丈夫！勝てそうです!!
では次に、『至高のメニュー』に発表していただきましょう。
何を出してくるのかしら？
冷や飯と水の取り合わせか、それとも他の何か……
13
これが今回、『至高のメニュー』が用意した料理です。
ええ!?
これが、『至高のメニュー』の料理だって！

何か仕掛けがあるんかいな？

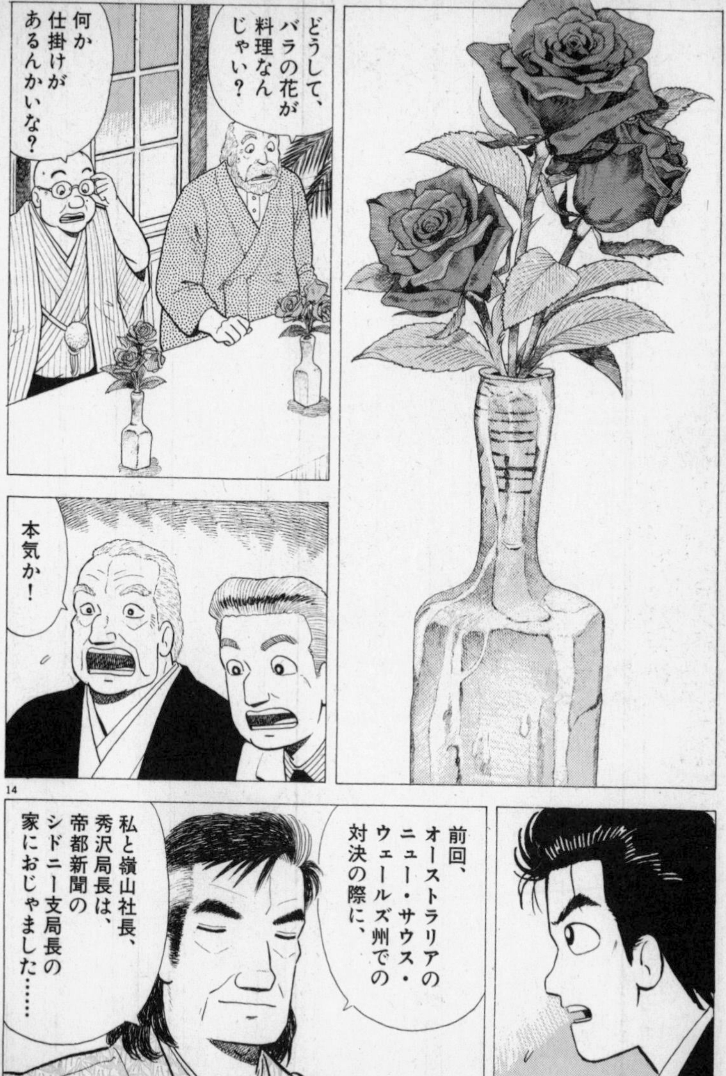

どうして、バラの花が料理なんじゃい？

本気か！

私と嶺山社長、秀沢局長は、帝都新聞のシドニー支局長の家におじゃましました……

前回、オーストラリアのニュー・サウス・ウェールズ州での対決の際に、

いやあ、いい景色だねえ。日本じゃ考えられないよ。
私のような一介の給料取りでも、こんな家に住めるんですからね。
日本とオーストラリアの住居環境は、天と地ほどの差があります。
まったくだ。
"日本は経済大国だ"などと言っていい気になってるが、生活の面から見ると、まだまだ貧しい小国だな。

こんにちは。
あ、私の娘たちです。
やあ！おじゃましますよ。
美味しいものを探しにいらした、とうかがいましたが？
それなら、絶対に美味しいものを教えてあげるわ。
おいおい！失礼なことを言うんじゃないぞ、こちらはな……
いや、かまいません。教えていただこう。
じゃ、特別に。
ね、特別よね。
こらこら。もったいぶってないで、早く言いなさい。
これです。

16

ほら、バラの花の芯に、露がたまっているでしょう?
昨日咲いたバラの花に、昨夜のうちにたまった露です。
む、確かに……それが何か?
その露を、飲むんです。
何?
ほら、こうやって。
な…
何と!?

夜のあいだにたまった露が、バラの香りを吸って、すばらしい香りの水になっている！
これはうまい！
しかも、この自然の甘さが、何とも言えない。これこそ、オーストラリアの自然の恵み！
甘露とは、このことか！
こんなすばらしいものを飲んでるから、私たちますます美しくなるのよね。
そうよね、お姉さま。
こら、こら。
私は、そのバラの花にたまった露の味に大いに感動した。
大気が、東京近辺とは比較にならないほど、きれいなのだ。でなければ、花にたまった露を飲んだりできない。

その感動を、皆さんにも味わってもらいたいと思い、立山から汲んできた清水をバラの花に注いで、一晩おいた。
自然にたまった露の味にはかなわぬまでも、それに近い味は得られたと思う。
いや、何ともすばらしい！
鮮烈だが爽やかな、バラの香り！
そして、冷たく甘い水の味！
こんなうまい水は、飲んだことないで！
この鮮烈な衝撃！私が欲しかったのは、これだったのよ！
私は、今回は水を題材にしたいという話を聞いたときに、
当然、『究極のメニュー』側は現在の日本の水の環境の悪さを取り上げるだろうと思った。
ぐむ……

となると、水道水の問題、地下水の問題、河川の水の問題、そのようなところに的を絞るだろう。
しかし、大気の問題まで考えが及ぶだろうか、私は疑問に思ったのだ。
水の問題は、大地の上だけを考えればよいというわけではない。
われわれの口に入るまでに、水は大気と大地のあいだを循環している。
環境というものは、どこか一部が不完全だと、全体が不完全になる。
大気がきれいでなければ、本当に美しい水は得られない。
水道水の質を改善し、地下水を安全なものにするためには、
バラにたまった露を飲めるような大気を、作らなければならないのだ。
じつに、意味深い料理です。
待ってくれ！

帝都新聞側の言うところはわかったが、これは料理と言えるのか！
そうだ!!バラに水を、ただためただけじゃないか！
これは、ただの水ではありません。
バラと立山からくんできた水を材料に使って作り上げた、根元的な水です。実際には、存在しない創作です。
料理としての条件を、満たしています。
当然だよ。
食材をたくさん使い、いじくり回したものが料理というわけじゃないんだ。
ぐむ……
バラの露ひとつで、見事にやられたという感じ……さすがは海原雄山だわ。
くそ……

●『週刊ビッグ スピリッツ』'96年第34号～第38号、第42号～第46号掲載作品

審査の結果を、発表します。
『究極のメニュー』『至高のメニュー』とも、これからの日本の環境問題に対して、じつに意義ある提案をしてくれました。
どちらも、非常に重要な提案です。
そこで、今回は……
水入りの引き分けといたします！

「美味しんぼ」第60集―完―

美味しんぼ 60 ―水対決―

ビッグコミックス

ISBN4-09-183600-3

1997年3月1日初版第1刷発行 (検印廃止)

著者 雁屋哲
花咲アキラ

発行者 熊谷玄典
印刷所 凸版印刷株式会社

Printed in Japan

発行所 (〒101-01)東京都千代田区一ツ橋二の三の一
振替(00180-1-200) TEL 編集03(3230)5505
販売03(3230)5749
株式会社 小学館

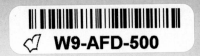